U0745385

静待花开

JINGDAI HUAKAI

好父母成就好孩子

王德生 著

山东省教育教学研究课题『家校社协同育人理念下提升家庭教育指导水平的策略研究』成果

山东教育出版社

·济南·

图书在版编目（CIP）数据

静待花开：好父母成就好孩子 / 王德生著 . — 济南：山
东教育出版社，2024.5

ISBN 978−7−5701−3003−0

Ⅰ. ①静… Ⅱ. ①王… Ⅲ. ①家庭教育 Ⅳ. ①G78

中国国家版本馆CIP数据核字（2024）第094778号

JINGDAI HUAKAI: HAO FUMU CHENGJIU HAO HAIZI

静待花开：好父母成就好孩子

王德生 著

主管单位：山东出版传媒股份有限公司

出版发行：山东教育出版社

地址：济南市市中区二环南路 2066 号 4 区 1 号 邮编：250003

电话：（0531）82092660 网址：www.sjs.com.cn

印 刷：济南鲁艺彩印有限公司

版 次：2024 年 5 月第 1 版

印 次：2024 年 5 月第 1 次印刷

开 本：880 mm × 1230 mm 1/32

印 张：7.375

字 数：170 千

定 价：49.00 元

（如印装质量有问题，请与印刷厂联系调换）印厂电话：0531−88665353

前言

　　儿子出生后，也做过让他考北大、清华的梦，但事实证明并不是每个孩子都适合精英教育。当自己的孩子并不像期望的那么优秀时，家长应该如何调整自己的心态？

　　一个人成功与否，应该用多元化的评价方式来判别。一个孩子只要"三观"正，乐观、积极、向上，该学习的时候努力学习，该工作的时候踏实工作，能为家庭、为他人、为社会贡献自己的力量，就是好公民。

　　"孩子之所以出现问题，百分之七八十的问题都在父母身上。"俞敏洪这样说。真正成功的教育并不仅仅在于让孩子学到多少知识，也不在于上多好的学校、找到多高薪水的工作，而更在于是否帮助孩子养成了良好的品格，如诚信、善良、毅力、自控力、好奇心、责任感、勇气以及自信心等，这些都会影响孩子一生的幸福。

不同的教育方式，会结出不一样的果实。成功的家庭教育，会助力孩子形成大格局与感受幸福的能力。我坚信，每个家长都能成为有教育能力的家长。任何家长在家庭教育方面都或多或少存在着提升的空间。只要家长不断学习、不断探索，就一定能找到适合自己孩子的家庭教育方法。

儿子在读小学时，成绩在班级里处于中等水平。身为儿子就读学校教师的妻子经常抱怨："咱们的孩子为什么不能像别人的孩子那么聪明、可爱呢？"我无奈地跟妻子开玩笑说："也许老天在检验我们的教育水平吧。"好在儿子在小学高年级及初中阶段，成绩逐渐地攀升，中考时以不错的成绩考上了本区最好的高中。高考时虽然发挥得不太理想，但也考上了一所211大学。大学时，他经过不断的努力，在大三结束后的暑假参加了很多学校的学术夏令营，先后被山东大学、华中科技大学、中科院、浙江大学等高校评为"优秀营员"。最终，儿子选择直接攻读浙江大学博士，读了自己喜欢的专业，选了最想选的导师。

儿子一步一个脚印，通过自己的努力，初中发展得比小学好，高中发展得比初中好，大学发展得比高中好，最终成长为让别人羡慕的"别人家的孩子"，活成了自己想要的样子。

在此书中，本人把自己培养儿子的点点滴滴、自己教过的学生及身边朋友孩子的成长事例展现出来，希望能给广大的家长朋友以教育的启迪。这作为本书的第一部分。

本书的第二部分，总结了一些比较实用的家庭教育建议，明确家长在家庭教育方面应该做什么、为什么要这样做，不应该做什么、原因何在。我相信，依照这些建议，加上父母的耐心、细心，就能把孩子培养成对国家、对社会有用的人才。

本书的第三部分，编辑整理了一些家长与教师都应知道的、实用的教育理论，再加上笔者自己的感悟与思考，具有较强的实用性。相信读者在读完这一部分后，一定可以提高家庭教育的认知水平，进而指导家庭教育实践，使自己的家庭教育水平再上一个新台阶。

最后送给家长朋友几句话：

1. 好父母都是学出来的。

没有天生成功的父母，也没有不需要学习的父母，父母的成功都是不断学习、提升能力的结果。

好父母防患于未然，而不合格的父母往往是，孩子的问题已经很严重了，甚至教师都已经找父母谈过好几次话了，他们还意识不到其严重性。

不要总是让自己的孩子向"别人家的孩子"看齐，要先反思一下自己是否与优秀孩子的家长做得一样好。

孟子之所以成为孟子，同母亲对他的成功教育是分不开的。"狼爸""虎妈"的成功经验是很难复制的，也许你家的孩子与他们家的孩子在智力水平方面不会有很大的差别，但他们对孩子教育的关注、用心是值得你学习与借鉴的。

只要我们多向专家、优秀孩子的家长及身边的朋友学习，我们都会成为合格的家长，教育出优秀的孩子。

教育孩子的过程，其实也是父母不断成长的过程。教育孩子，就是修炼自己的心。愿我们都能成长为温柔而坚定的父母，更好地陪伴孩子成长。

2.好孩子都是教出来的。

所谓优秀的父母，他们的一个共同特点就是在教育孩子问题上费尽心思。潜质再好的孩子，不注重对他的教育，他也会变得很平庸。

《伤仲永》给我们提供了一个很好的反面例子。相反，很多资质平平甚至很差的孩子，在家长、老师们细心、耐心的教育下，一步步走向成功。无论是好的学习方法，还是好的生活习惯、道德礼仪，无不与后天的教育、培养息息相关。

3.好习惯都是培养出来的。

很多专家反复强调，习惯的养成不是一蹴而就的，好的习惯至少需要"21天"养成。这21天不知是如何计算出来的，我认为值得商榷，但它所阐明的道理是非常正确的。

好习惯是培养出来的，但对很多孩子来说，养成一个好习惯所需要的时间可能远远超过21天。在好习惯的养成过程中一定会受到原来已经形成的坏习惯的干扰，所以，好习惯的养成具有波折性、反复性。

4.好的家庭氛围是共同经营出来的。

现在很多人都意识到温馨、和谐、积极、向上的家庭氛围对孩子的教育具有潜移默化的作用。好的家庭氛围需要家里每个人的付出与努力。幸福的家庭需要用爱、理解、包容、责任共同经营。

家人之间学会互相理解，才能减少误会。我们每个人都要用包容的心态去理解对方，学会换位思考，设身处地地为对方着想，以减少不必要的摩擦。

我们要学会多角度看待问题，从不同的角度出发理解问题的不同方面，从而减少误会、争吵和矛盾。

父母相互包容，就能为孩子做出表率；大人与孩子相互包容，相互之间就能更加有爱。包容是营造幸福家庭的良药。我们每个人或多或少都会有不足，不能只看到对方的缺点，甚至放大对方的缺点。

责任意识是创造幸福家庭的关键。作为家庭的一员，我们要肩负起共同营造幸福家庭的责任。在外面，我们要不畏风雨，努力工作，为家庭提供经济基础；在家里，我们要用心关爱另一半、陪伴孩子。

孩子有责任理解父母的艰辛与不易。孩子更要意识到，把学习搞好是自己的义务与责任。只有把学习搞好了，把能力锻炼得更强了，才能为自己、为家人创造更美好的未来。

5.好的未来都是拼搏出来的。

要告诉孩子青春因拼搏而精彩。生活中的每一个人都在拼搏，无论是为了家庭，还是为了理想。这世界不会辜负每一分努力和坚持，时光不会怠慢执着而勇敢的每一个人。

我们所有的努力、所有的奋斗，都是为了拥有一个更加美好的未来，遇见更好的自己。要把努力当成一种习惯，而不能只是三分钟热度。

每一个你羡慕的收获，都是用心浇灌得来的。孩子现在所享有的一切，都是父母努力拼搏的结果；孩子所期许的未来，必须靠自己的拼搏来实现！

目录

第二部分　成功家教有智慧

第三部分　教育理论指迷津

第一部分

家有子女初长成

面对喜欢说"不"的儿子

我与爱人都是教师。在儿子很小的时候，我们都担任班主任工作。因为平时工作非常忙，无暇顾及孩子，一直将儿子放在老家与老人一起生活。到儿子上幼儿园大班时，我们才把他从老家接回来一起生活。

接回来后不久发现，儿子除了孤僻、胆小、不合群之外，还表现得特别拗。无论大人让他干什么，他最喜欢说的就是"不"，表现出很强的逆反意识。

逆反是自我意识觉醒的标志之一，但儿子的这种自我意识来得有点太早了吧。

也曾因为他不听话而打过他，但收效甚微；也试着按照他的逆反思路变相引导他做事，这样他做起事来符合了大人的意愿，但这也不是长久之计。

一天，我看到一篇小笑话，讲的是阿凡提小时候总是与他爹对着干，他爹让他往东，他非得往西。他爹没办法，叫他干活时只好反着说。

一天他们父子俩运盐过河，父亲在前面牵着驴，阿凡提在后面扶着盐袋子。走到河中间时，父亲看到盐袋子马上就要沾上水了，想让阿凡提把袋子往上提一提。按照惯例，他对儿子说："快点把袋子向下扯一扯。"

但这次阿凡提非常听话，真的把盐袋子往下扯了一下，结果盐因为浸水而融化到河水里。阿凡提对他父亲说："看到你的决定是多么愚蠢了吧！"

晚饭后，我把这个笑话讲给儿子听，然后总结道："阿凡提为了证明自己是对的，结果把盐融化到河水里。当年盐是很贵的，因为阿凡提的行为，他们家很有可能这一年都没有盐吃了。你认为阿凡提聪明吗？"

喜欢说"不"、逆反，是自我意识觉醒的表现，但并不是聪明的象征。倾听各方面的建议，经过深入思考，然后找到一个最佳的解决问题的方法，这才是聪明人的表现。

以后每当儿子逆反意识出现苗头的时候，我就笑着问他："还记得那个阿凡提吗？"儿子也会会心地笑一笑。

从那以后，儿子说"不"的次数少了很多，也不再喜欢与大人唱反调了，考虑问题成熟了许多。

在教育孩子的过程中，借助一些故事引导孩子进行思索，是个不错的方法。并且，有时幽默地与孩子开个小玩笑，比严肃批评孩子产生的教育效果会更好。

儿子要去告我

我平时很少打儿子，虽然有时候他很逆反。到儿子上二年级的时候，他不但在家逆反，还在学校里调皮捣蛋，跟老师顶嘴。我们回家给他讲道理，他不听，在忍无可忍的情况下，我还是动手打了他。

我想等他平静下来后找他谈谈，告诉他为什么打他、以后该怎么做。所以，我一整天都没怎么理他。

结果，晚饭后他非常正式地主动要找我谈谈。我还以为他意识到自己错了，向我道歉呢！事实证明，我想多了。

他一脸严肃地对我说："爸爸，你知道你今天错了吗？儿童是受法律保护的。打骂儿童是犯法的。你下次再敢打我，我就报警让警察叔叔把你抓走！"看来这孩子在学校学到了不少法律常识，维权意识很强。

我沉思了一下，对他说：

"国家确实有保护妇女、儿童的法律；但家长是儿童的监护人，有对孩子进行管教的权力。教育孩子最好的方法是正面引导，让孩子走正道，使他长大后成为对社会、对国家有用的人才；但对那些不讲道理、不求上进的孩子，适当的惩罚也是一种教育方法。

"知道为什么会有那么多警察叔叔吗？他们是维护社会治安的。因为有很多不懂事的孩子，长大后依然不走正道，危害公共秩序，妨碍别人的学习、生活，警察叔叔只好把他们抓起来，进行管教。

"今天爸爸为什么打你？如果听从家长、老师的教诲，家长、老师会训斥、惩罚你吗？作为学生，在学校里一定要与同学们友好相处，听从老师的教导，做个好学生。

"爸爸平时舍不得多花钱，可经常给你买新衣服、好玩的玩具、好看的书。爸爸爱你还来不及呢，怎么会无缘无故地打你呢？"

儿子听后沉默了。从那以后，儿子懂事了很多，我再也没有打过他。

抓住时机对孩子进行教育，既要让他知道为什么惩罚他，又要让他知道父母对他的关爱。这样不仅可取得理想的教育效果，而且可以拉近亲子关系。

儿子要改名字

　　我原来对小学教育的理解是，要帮助孩子养成良好的生活习惯、学习习惯，学会自尊自爱，锻炼好身体，再培养一两种特长。至于学习成绩，不用太在乎，只要不是很差就可以了。但偶然的一件事情改变了我的看法。

　　三年级的时候，儿子很严肃地跟我说，他要改名字。我问为什么。他说，他的名字让人一听就像一个差生的名字。接着，他又提起班级里几个成绩优秀的学生，说他们的名字一听就是好学生的名字。

　　我意识到这个问题有点严重。儿子虽然成绩不是很优秀，在班级里排三十多名的样子，但绝对不是差生。当年儿子上小学时，每次考试后班主任老师都进行班级成绩排名，看来成绩排名对孩子的心理影响还是很大的。

　　如何才能让他摆脱名字的阴影呢？我首先告诉他，那些成绩优秀的孩子学习好不是因为名字起得好的缘故，而是因为他们上进心强，学习努力，而且有个好的学习习惯。名字只是个代号，一个人到底能不能成为优秀的人，不是名字说了算的。

　　像青岛当时的知名品牌海尔、海信、澳柯玛等，能扬名国内外并不是因为名字起得好，而是因为产品品质好。它们能够成为知名品牌，是企业的领导和员工上下一心、努力拼搏的结果。

接着我"骗"他说，我与那些成绩优秀孩子的家长们很熟悉，经常与他们聊孩子的学习情况。他们的孩子回家后，不是先打开电视看动画片，而是先把当天老师讲的功课复习一下，再认真地完成作业，把作业当成检查自己有没有把功课掌握好的手段，而不是当作老师布置的必须完成的任务，应付过去拉倒了。然后，他们会预习一下明天老师要讲的内容，看看自己能看懂多少，做到心中有数；第二天带着问题听老师讲课，所以课堂上学习的内容对他们来说就非常简单了。这就是他们不但在课堂上表现得很聪明，而且学习成绩非常好的原因。

"我要是像他们那么做，也会像他们一样优秀吗？"儿子好奇地问道。每个孩子内心深处都想成为好孩子，都想成为别人羡慕的对象。作为家长，我们一定要保护好孩子的上进心，千万不要给孩子泼冷水。

"那当然了！"我斩钉截铁地回答，抓住机会给孩子以鼓励，增强其信心。"但至少坚持一个月才管用！因为你努力的时候，其他的小朋友并没有一边玩着一边等着你，要追上或超过他们，你要比他们更加努力才行！"我补充道。

好习惯要 21 天才能养成，这是很多专家都认同的规律。但在真正落实的过程中，孩子之间一定会有差异，而且会有反复性。一定要打消孩子急功近利的心理，把培养习惯的时间拉得再长一点。但鼓励孩子养成好的学习习惯是每位家长务必要重视的事情。

为了给孩子营造良好的学习氛围，我和爱人约定下班回家后不要看电视连续剧。在家里可以看看书、备备课、批改一下学生的作业。

从那以后，儿子回家后先复习当天所学的知识，再认真完成作业，把作业当成自我检测的手段，然后再预习第二天要学的内容。

虽说中间有很多次反复，但每当儿子出现精神懈怠时，作为家长，我们随时进行目标提示与激励。经过很长一段时间，儿子基本养成好的学习习惯，学习成绩有了很大提高，自信心也增强了不少。

更为重要的是，他从学习中获得了成就感与乐趣，从实践中真正体会到了"一分耕耘，一分收获"的道理。当他有了主动努力学习的动力后，就很少需要我们再去督促了。

刚开始的时候，他还经常从自己的房间里跑出来，或者喝水，或者上厕所。也许是想看看父母在干什么吧。但当他养成好的学习习惯之后，我们即使在看电视，对他的影响也比较小了。

为什么要读书 🍃

六年级的时候，随着各科作业量的增多，儿子逐渐产生了厌学情绪。一天晚上，儿子对我说："爸爸，人为什么要读书呢？社会上有很多人，书读得并不好，可人家挣的钱比你们多多了！"

一个确实很有挑战性的问题。我沉思了一会儿，对儿子说：

"你说的这种情况确实存在，但这种人并不像你说的那么多，按比例算下来，不读书却收获成功的人少之又少。

"他们之所以引人注目，是因为他们是特例。但从另外一方面来说，他们之所以成功，是因为他们拥有了通向成功所应有的品质。他们为了获得这些品质绝对付出了很多努力，这要比在学校里学习难多了。

"他们也在学习，只不过在以其他的方式来学习而已，如学习技术，学习别人成功的经验。他们的学习比在学校时的学习更加艰难，因为在社会上没人会像学校的老师一样把自己好不容易获得的成功经验无偿地教授给他人。他们在成功之前一定经历了无数次的挫折与挑战。"

接着我拿一棵树的成长作比喻。小树长一年的话，只能用来做篱笆，或者当柴烧；长到 10 年的树可以做檩条；20 年的树用处就大了，可以做房梁，可以做柱子，也可以做家具。同理，一个小孩子如果不上学，六七岁就可以去放羊了，长大了能放一大群羊，但他除了放羊，基本上干不了别的技术活。如果小学毕业，他在农村可以用一些新技术种地，在城市里可以到建筑工地打工、做保安，也可以当个小商小贩。如果初中毕业，他可以学习一些机械操作。如果高中毕业，他就可以学习修理很多机械了。如果大学毕业，他可以设计高楼大厦、铁路桥梁。如果硕士、博士毕业，他就可能发明创造出一些我们原来没有的东西，真正地推动社会与时代的进步，让我们的社会或整个人类生活得更加美好。

最后，我对他说，不是说不上学或上学少就没有用了，就像成长一年的小树一样，有用，但用处不如大树多。一般来说，不读书或者读书少的人也有用，但对社会的贡献相对会少；读书多、知识丰富的人，对社会的贡献相对会更大，相应的社会地位就会更高。

那次谈话给儿子留下了极深的印象，转变了儿子的思想。从此，儿子在学习上不需要威逼，更不需要利诱，就会做出最好的选择。因为他不但知道了读书的价值，而且明白了学习与自己未来发展的联系。

离家出走的威胁

小学六年级的时候，一天晚饭后，儿子笑着对我说，他们班里有个同学因为与家长闹矛盾离家出走了。他爸爸、妈妈发动所有的亲戚、朋友到处寻找，都快急疯了。"他们早干什么去了？为什么平时不对孩子好点，孩子离家出走了才知道着急？"儿子一边说一边笑眯眯地看着我。我能感觉到他话语背后的"坏"心思。儿子这是在威胁我呀，这是嫌我们平时对他还不够好呀。

我没有生气地教训儿子，更没有指责他这种想法，而是笑着对他说：

"这个孩子太傻了。他离家出走这几天身上不知道有没有钱，是否会饿肚子，晚上是否有地方睡觉，但绝对吃了很多苦。

"他如果对父母处理事情的方式不满意，可以想办法与父母沟通，离家出走根本解决不了任何问题。

"儿子，你什么时候想要离家出走时最好跟爸爸说一声，我怎么说也会给你200块钱，你想吃什么就买什么，想买什么好玩的就买。

"我和你妈妈在家里可就舒服了，不用想办法给你做好吃的了，不用给你辅导功课。我们挣的钱自己花就行了，不用管你了。

"当你的 200 块钱花完后，看看大街上的乞丐是怎样乞讨的，跟人家取取经，千万别饿着。晚上可以睡在桥洞子下面，冬天可凉快了。你啥时候走呀？"

儿子白了我一眼，说了句"想得美"，便关上门学习去了。

儿子要参加课外辅导班

上初二时，儿子对我说，他想参加课外辅导班。

其实他的成绩还可以，在班级里能排十多名，而且有些功课我也可以与他一起探讨，比如英语学科，我基本可以回答他所有的问题，因为我大学学的是英语教育。我问他为什么。

在我看来，课外辅导是把双刃剑。如果对学生学习情况没有清晰的了解，浪费钱倒是次要的，更重要的是会浪费学生宝贵的时间，加重其学业负担，不利于其身心健康，甚至会让学生产生厌学情绪。

儿子说，班里几乎每个同学都在上辅导班，尤其是排名靠前的学生，如果自己不上辅导班，考试成绩一定赶不上他们。

这说明儿子还是非常上进的，这种精神值得肯定与表扬。但我依然要告诉儿子辅导班的两面性，让他明白辅导班不是万能的。

我对他说，学习好的学生成绩好与课外辅导班关系不大，要把功夫放在课堂上，课下认真完成老师的作业就可以了。

儿子说我小气，不舍得为他花钱。我耐心地对他说：

"针对每天所学的内容，老师会布置相应的作业，对一般的学生来说就足够了。如果去参加课外辅导班，辅导老师会布置额外的练习题。这些题有些是与校内作业重复的，纯粹是浪费时间。

"还不如这样，你到书店买些与所学知识相关的教辅材料，哪部分自己掌握得不好，抽时间把相关的练习题做一下，做完后自己对答案、看解析。

"如果看完答案解析后还不明白，到学校去问老师或同学。如果老师在学校没时间解答，我再给你找一对一的老师辅导，你看这样行吗？"

我知道，培养孩子发现问题的能力很重要。有很多学习很差的学生，根本问不出任何问题，因为他们的问题太多了，根本不知道从哪里入手。

在寻找问题、发现问题的过程中，学生的综合能力会得到提升。针对不会的问题，学会看答案讲解，对培养学生独立学习的能力也特别有帮助。

最后儿子认同了我的建议，找到问题后向老师寻求帮助，这样一直持续到高三。问题积攒得比较多时，周末他休息时找熟悉的老师去集中问一下或找校外机构老师一对一进行辅导，从效果上来看这种方法很不错。

在大学期间，他参与了许多国家级的发明项目，我认为这与他善于发现问题的好习惯是有很大关系的。

学习是快乐的

从初二开始，由于有好几门学科成绩计入中考，所以儿子学习的节奏加快、学习任务增多。每天早上很早就要起床，晚上做作业大多数时候要到十一二点，睡眠时间根本得不到保障。

更让我担心的是，儿子学会了抱怨。每天满腹牢骚，抱怨作业多，抱怨老师只盯着几个尖子生及后几名的学生，对他们这些中等偏上的学生关注过少，等等。

一天晚饭后，他又抱怨作业多。我知道孩子发发牢骚可以缓解压力，但养成发牢骚的习惯就不好了。

耐心地听他说完后，我说我很理解他现在的处境，因为我也是这么走过来的。接着我问他："这样抱怨有用吗？这样作业会变少吗？"

儿子摇了摇头说，没用，但还是忍不住想说。

"既然说了没用，为什么还老是说呢？"我提出建议，"还不如这样，抽时间找各种老师谈谈，让他们互相协调一下，不要搞作业竞争；再不行去找校长反映一下，情况应该会有所好转。"要鼓励孩子直面问题，敢于正面表达自己的观点，不要成为一个唯唯诺诺的人。

假如任课教师或校长认为就应该布置这么多作业，情况没有好转，那该怎么办呢？

首先，优化自己的学习方法，提高学习效率。别人能完成，这说明自己的能力还有提升的空间。在改变不了别人的情况下，要学会改变自己，提升自己的能力。

其次，如果自己的能力确实无法提高，也要接纳现在的自己，承认人与人之间确实是有区别的，要享受拼搏的过程，接受拼搏后的结果。

在任何情况下都不要成为负面情绪的奴仆，而应成为一个乐观向上的人，学会用积极的态度来面对一切。

研究表明，积极向上的学习态度可以提高学习效率，消极被动的学习态度会大大增加完成任务的阻力，降低学习效率。

在很多情况下，人不是被繁重的任务压死的，而是被自己负面的情绪折磨死的。

对于任何工作，要么就不做，要做就要快快乐乐地去做。要学会从学习或工作中获得快乐。

学习是快乐的。首先学习的过程是快乐的。掌握了新的知识，或获得了新的能力，把不懂的问题、不好解决的难题解决了，心中一定有豁然开朗的感觉。那种快乐只有努力拼搏之后的人才会明白。其次，学习的结果是快乐的。经过拼搏取得了好的成绩，不但自己会感到骄傲与自豪，而且自己也会成为同学们羡慕的对象、老师心中的宠儿。

当下，好的学习成绩是理想大学的敲门砖，更是以后找到好工作的基础。同样的道理，在工作中，你只有学习能力强，处理问题的水平高，才能事事做到游刃有余，成为领导的得力助手、同事们学习的对象。如此，你不但能够享受工作的过程，从工作中获得快乐，而且可以实现自己的理想与抱负，为他人、为社会作出更大的贡献！

什么时间可以谈恋爱

高一时，儿子用略显羡慕的语气对我说，班里有几个同学谈恋爱了。

我笑着问他："你为什么不谈呢？"

儿子有点失落地说："谈恋爱的男生，要么学习特别厉害，要么体育或艺术特别好，要么长得特别帅。像我这样什么都不出色的男生，谁会喜欢？"

看来儿子还有点自卑，应适时地鼓励鼓励他。

我对儿子说："其实那些正在谈恋爱的学生太可怜了。为什么叫'早恋'呢？因为他们谈恋爱的时机不对，还不到该谈恋爱的年纪。他们现在正是该努力学习的时候，谈恋爱一定会影响他们的学习成绩。"

儿子反驳道："那些学习特别厉害的人，他们的学习成绩并没有因为谈恋爱而变差。"

我对他说："人一天的学习时间几乎是固定的，精力是有限的。假如那些学生把谈恋爱的时间都用在学习上，他们的成绩会不会更优秀？"

儿子点了点头。

"虽然老师会鼓励学生说，人与人之间的智力差别不大，但差别确实存在，有些人学习能力就是比一般人要强。那学习能力一般的学生该怎么办呢？只有加倍地努力再加上好的学习方法，才能取得理想的成绩。"我继续说，"人生就像是马拉松，开始时也许我不在前面，但当别人懈怠时，我还是持续不断地努力，到终点时跑在前面的是谁还说不定呢。想想《龟兔赛跑》的故事，是不是有点干劲了？！"

儿子会心地点了点头。

至于什么时候可以谈恋爱，我给他讲了下面这个故事。

奥罕·帕慕克是 2006 年度诺贝尔文学奖获得者。他 19 岁时，作为一名非常优秀的男生，与一名优秀的女生开始了一段校园恋情。他的恋情被细心的父亲发现了，父亲建议他为了自己的学业及美好前途，放弃这份感情。

为了维护自己的感情，奥罕·帕慕克反驳道："爸爸，我已经 19 岁了，是个男子汉了。而你，当年还不到 19 岁不就和妈妈好上了吗？"

父亲并没有生气，而是继续和蔼地与儿子交流："你说的没错。可你知道吗？我当年已经在葡萄作坊当酿酒师傅了，每月能拿 2000 万里拉。也是说，我当时已经能够自食其力，有一定的经济实力为爱情买单了。而你现在呢，一个里拉都挣不到，凭什么心安理得地谈情说爱呢？再说，一个男人，如果没有一定的经济基础，不能为他的爱人提供必要的物质保证，如果你是女子，你会怎么看待这样的男人？一个男人，如果没有一份赚钱的工作，不能自食其力，哪怕他 40 岁甚至 50 岁，都不配谈恋爱，谈了就是早恋……"

父亲的一番话使奥罕·帕慕克从这段虚无缥缈的无根之爱中抽身而退，尽管他为此承受了半年的痛苦。

此后，奥罕·帕慕克牢记父亲的嘱咐，专心于学业，最终一举考上伊斯坦布尔科技大学——土耳其最好的国立大学，并在这里为以后的事业打下了坚实的基础。

土耳其国家级大报《自由之声》的一位资深评论员发表评论说，奥罕·帕慕克父子当年的交谈"是人类文化史上绝无仅有的经典细节"。

讲完故事，我继续鼓励与教导儿子：

"至于说没有小姑娘看得上你，这说明你还不够优秀。人的外貌很难改变，但可以通过适宜的体育锻炼让自己健康阳光，通过努力学习让自己的能力越来越强。至于外貌够不够出众，这是无法改变的事实，不必为不能改变的事分心，虽然在我眼中你已经非常帅了。

"无论长得帅不帅，都要专心学习，努力让自己更优秀、更有能力，进入一个层次较高的大学去读书。那里面的女孩都是非常优秀的，那时候再谈恋爱也不迟。"

儿子认可地点了点头。

记笔记的目的何在

一位高三女学生向我展示她从高一开始整理的课题笔记，已经有四五本了，每一本都记得工工整整。原来的英语老师经常把她的课堂笔记展示给其他同学看，号召同学们向她学习，曾经的她也以此为傲。但她现在却很苦恼："我的笔记记得这么好，为什么学习成绩却不太理想呢？"

看了她的笔记，我也很受感动，每一本都记得一丝不苟，一看她就是一个做事很认真的学生。但她的成绩确实不太理想，英语成绩在班内只是中等偏上的水平，这样的成绩与她的付出根本不成正比。

沉思了一下，我反问她："你想过为什么要记笔记吗？"她茫然地摇了摇头。

我告诉她，记笔记不是用来展示给别人看的，记笔记的目的是帮助我们把所学的知识记得更牢，帮助我们把所学的知识记在我们脑子里。

到了高三，时间十分宝贵，学业非常繁重，根本没有过多的时间来详细地记笔记。所以我建议她，从现在开始，要把笔记记得简单一些，记得越少越好，能提供一个重新回忆的线索就好。

我对她说，可以把刚学过的知识点记在一个小本子上，随时带着，一有时间就拿出来翻阅、复习。当确实感到所有的知识点都记牢的时候，就可以把它放在一边或者直接丢弃，因为它的作用已经完成了。

听完我的话，她认可地点了点头。经过两个多月的实践，她的学习效率得到大幅度提升，英语成绩也有了很大进步。

做任何事情，不要为了做而做，而要知道做这件事的目的何在。这样才能够化繁为简，提高学习或工作效率。

改变不了别人，试着提升自己

朋友的女儿到我家来玩，她现在读高一。聊天的时候，她向我抱怨：她不喜欢现在的英语老师，因为这位老师上课节奏比较快，她有点跟不上；而且这位老师不能公平地对待每一个学生，每次上课时提问的都是那几个学习好的学生，很少关注她这样的中等生。

她说，这位老师每天都留背诵的作业，开始时她都认真准备，但过了好几天老师都没有叫到她，她松懈了。忽然有一天，老师提问了她，恰好那天她没有准备。老师冷冷地看了她一眼，并且说了句很打击人的话，从那以后她就对那位老师有了成见，也不喜欢学英语了。

听了她的诉说，我劝她：

"根据你的描述，我可以看出那位老师有其自身的不足，她不应该只关注少数学生，而应该最大可能地给每一个学生以鼓励与帮助。你可以找老师沟通一下，把你的想法告诉她，帮助她改进工作方法。

"但你自己也有需要改进的地方。首先，你要意识到你是为谁而学习的，是为了你自己，为了自己的未来，而不是为了让老师满意。有了这种意识，你才能拥有不竭的学习动力，才不会因为与不喜欢的老师赌气而放弃学习。

"另外，如果想改变老师对你的看法，从今天起，再努力一些吧，让老师看到你的努力与进步，老师会渐渐地喜欢上你的。

"当我们无法改变别人时，为何不想办法改变一下自己，让自己变得更加优秀、更加完美呢？"

听了我的话，她使劲地点了点头。

学会正确地分析问题

一位高三学生的母亲向我倾诉："孩子英语一直不太理想，初中时还马马虎虎，可一进入高中，成绩就下滑得非常厉害。我与孩子爸爸都是学理科的，当年上学时英语都学得不好，孩子英语学不好是不是遗传的原因呢？"

这位家长的话让我陷入沉思。对于同一件事，不同的人有不同的观点。

对于过去的成功，有些人会分析原因，积累有益经验，为以后更大的成功做好准备。有些人却不能对成功进行正确的总结，或即使做出总结，也不能为以后的工作提供有益的帮助，甚至下次再遇到同样的情况，也不能保证成功。

对于所遭遇的失败，有些人会认真地分析不足，吃一堑长一智，下次不再犯同样的错误，从而到达成功的彼岸；而有些人不能找出导致失败的根本原因，下次还会犯同样或类似的错误。

还是以刚才提到的那位家长为例。她不从孩子的学习态度、学习方法及用功程度等方面来分析孩子成绩不好的原因，而是从遗传的角度来分析。这会让孩子为自己学不好英语找到一个台阶或理由，以至于很难打翻身仗。

其实英语就是一门语言，只要多听、多说、多练习、勤总结，绝大多数人都能把它学好。

我们的母语之所以能学得这么好，是因为我们每天都在使用它。如果我们每天都高频率地使用英语，我相信我们每个人的英语水平都会有大幅度的提高。

朋友女儿性格懦弱的原因

一位爬山时认识的朋友，在某一事业单位工作，健谈，唱歌很好，表现欲强，在单位担任部门领导，事业小成，家庭也很幸福。但提起女儿的学习，他一脸无奈。

女儿中考发挥失常，上公办高中无望，只好拿钱上了一所私立高中。在高中阶段，女儿的文化课成绩依然不好，只好强化美术，走了艺考这条路。

他的女儿年前年后好一顿忙，勉勉强强拿了几个美术证。时间已到了三月份，朋友又到处找老师给女儿恶补文化课。

他问我辅导到底有没有用。我对他说，辅导是把双刃剑。

如果孩子能带着问题去找老师，老师针对孩子的短板有针对性地讲解，再找些相关的练习题来强化，对孩子知识的巩固与能力的提升绝对有好处。

如果孩子找不出问题，辅导老师只好找些练习题让孩子做，再进行诊断，然后进行有针对性的辅导，这样相对来说也还比较好。如果遇到教育、教学水平较低的老师，不能有的放矢地因材施教，则不但不能帮助孩子提高成绩，反而会增加其学业负担。

他说女儿胆小、懦弱，几乎问不出任何问题，真搞不明白，女儿的性格怎么与自己一点儿都不像。

这个孩子性格的形成非常具有典型性。如果父亲或母亲比较强势，则孩子的个性容易被压抑。有的孩子会表现得非常逆反，与强势的家长针尖对麦芒，产生激烈的冲突；而有的孩子则会变得唯唯诺诺，一切听从家长的安排，没有自己的主见。

这位家长回忆说，在孩子小时候对她的教育非常严苛，容不得她有任何不完美之处。久而久之，孩子总达不到家长的要求，不但学习的主动性差，也变得非常不自信。

我告诉他，他剥夺了孩子犯错误的机会，因为孩子都是在犯错误中不断反思与总结，进而不断成长的。

他问我现在该怎么办。

我说："现在应该努力发现女儿身上的闪光点，平时多加鼓励，让她大胆去尝试；做女儿的知心朋友，学会倾听她的心声，适时地给予指导与帮助，但不要越俎代庖。"

他沉思着点了点头，但愿这些建议对他及女儿会有所帮助。

孩子之间如何进行比较

每次考试后，无论是家长还是老师，一般都会对孩子的成绩进行比较。有很多家长经常会对孩子这样说："你看看某某某，你看人家怎么学的，你是怎么学的，与人家竟然差一百多分，不感到丢人吗？"

在这样的比较过程中，家长与老师的不满情绪得到了宣泄，但孩子会变得越来越自卑，对前途感到更加迷茫，对学习失去兴趣，甚至产生了恐惧。这与家长、老师的初衷是背道而驰的。可以说，这样的比较是一种非常失败的做法。

由于学习基础不同，人与人的智力及主动学习意识存在着差异，还有多年来养成的学习习惯的不同，对有些学习差的同学来说，无论他们下多大功夫，在短期内赶上成绩比他们高出很多的同学几乎是不可能的。

那么，该如何比较才能激发孩子的学习热情，最大程度地发掘出他的潜力呢？

首先，可以帮他找一个适合的赶超对象。这个对象的成绩不能比他高出太多，应该是他努力一下就有可能赶得上的人。如果他真正达到了这个目标，便能获得取得更好成绩的信心。

然后，再帮助他树立下一个赶超对象。

其次，要引导他自己与自己比。只要今天的学习态度比昨天更端正、学习更努力，明天的自己比今天的自己更优秀，那他就是成功的，就会从学习中获得无限的快乐与动力源泉，成绩也一定会逐步提高。

什么专业算好专业

高考后就要开始研究填报志愿的相关事情。对于选什么专业，我与儿子纠结了好长时间。

我与爱人都是学文科的，儿子读高中时选的是理科，所以对于儿子的志愿选择，我们几乎提不出任何有价值的建议。

也许是受高中老师的影响，儿子对化学，尤其是有机化学情有独钟。他的化学一直学得很不错，也参加了南方某个大学的自主招生考试，可惜没能入围。他高考时也因发挥严重失常，成绩不太理想，以致在填报志愿时专业与大学很难兼顾。

他首先选择要进一所"211"大学学习。"211"大学相对来说资源比较丰富，利于他将来的发展。但不敢选热门的城市，热门城市的竞争相对来说更加激烈；也不敢选太热门的专业，依然是出于对不太理想的高考分数的理性分析。

虽然在专业选择方面能给儿子的建议很少，但我们依然对儿子说："短时间来说，专业有热门或不热门的说法，但任何专业，如果你能学得非常精，研究达到国内甚至国际领先水平，都会实现自己的远大理想与抱负，体现自己的价值。袁隆平院士是学农业的，在当时绝对算不上热门专业，但看看他现在的成就和对人类的巨大贡献，真的让人敬仰。"

对于我的意见，儿子也是非常认可的。

2017年山东进行高考志愿填报改革，选择范围由原来的六个院校扩展为十二个院校，而且是平行志愿。儿子是被第四志愿东北农业大学新能源与动力专业录取的，是山东考生的最后一名。

对于这个专业，他不是非常喜欢，但也不讨厌。当时他想调换专业，但学校有规定，大一第二学期结束后才可以调，而且只有大一学年成绩排在学院前几名的学生才有资格。想调专业，只有努力。

儿子在大学里学习一直比较刻苦，因为他想调专业。第一学年他的学科总成绩是学院第一名。他可以调专业了，但他最后改变了主意，觉得现在所学的专业也很不错。也许他从本专业的学习中获得了成就感吧。

学好了，任何专业都能成为适合自己的好专业，都能实现自己的理想与抱负。天道酬勤，向来如此。

大学应该怎么度过

儿子大学开学时，我们决定去送他，但我们是带着旅游的目的去的。我们知道只有适时放手才能给孩子更多的成长机会，所以所有的手续都是他自己一个人去办理的，我们只是随行者与旁观者。

在他办理各种手续期间，遇到不少高年级的学生推销电话卡。我与一位从山西来的大二男生聊了起来。男孩姓宋，长得文文静静，可以看出家庭生长环境很不错。从闲聊中得知，他妈妈是一名中学教师，爸爸在一家国企上班。

谈起一年多的大学生活，他说不知不觉一学年就过去了，除了上课外，打打游戏，到处逛逛，没有什么值得回味的东西，对未来没有规划，没有努力的方向，成绩一般，偶尔还会挂科补考。谈起高中的生活与学习，他说当年自己是班级里的尖子生，因为高考考得不是太理想，所以只有选择这所不太好的"211"大学。

他高中时的表现和经历，与儿子高中时的表现、高考的经历极为相似。他大学一年来的学习与生活听起来让人心疼。作为家长的我，如果我的儿子大学生活也这样浑浑噩噩度过，我绝对会感到伤心、难过。

大学，更应该是拼搏奋斗的地方；青春，更应该是提升自我能力的时光。

就因为高考考得不好，所以更应该加倍努力才是，考上理想的大学继续读硕、读博，来弥补高考发挥不理想带来的遗憾，为自己精彩的人生打下更坚实的基础。

与小宋分别后我问儿子："这样的大学生活，你喜欢吗？"

成功的人士，不但会从别人的成功中获得经验，也会从别人的挫折与不足中吸取教训。相信这次的偶遇能给儿子深深的警醒与启迪！

曾读过一句话："恰同学少年，在最能学习的时候你选择恋爱，在最该吃苦的时候你选择安逸，自是年少，却韶华倾负，再无少年之时。"

但愿每个上大学的孩子，都不要辜负自己的青春，面对挫折依然怀有梦想并为之拼搏。

最好的朋友

儿子大一寒假回来，在网上填一份学校布置的调查问卷。当填到"谁是你最好的朋友"时，他犹豫了，不知道应该填谁。

也许朋友太少，能称得上真正的朋友的人更少；也许朋友太多，都非常重要，不知道该选择哪个。

我开玩笑地对他说："你最好的朋友当然是你爹了。你爹是你最忠实的支持者、拥护者、情绪不好时的倾听者、灵魂的导师，是永远不会背叛你的人。"

儿子听后点头笑了。

从儿子懂事起，我一直向儿子渗透这种理念：父母是他最好的朋友，是他最可以依赖的人。

为什么要这么做呢？

因为很多孩子，尤其是初中生，他们本身并不成熟，但自认为什么都懂。有时遇到问题，他们不是首先与家长或老师沟通，而是向自己的同学、同伴、朋友征求意见。

孩子有一些志同道合的朋友是他人生的幸事，但如果他所结交的朋友不是那么好，或者不是很成熟，当他遇到一件难以抉择的事情时不是向家长或老师征求意见，而是听从那些朋友的建议，可能会造成非常不好的后果。

要让并不太成熟的孩子意识到，家长是他们永远的支持者、真心的朋友。只有这样，当他们遇到问题时，才愿意倾听家长的意见或寻求家长的帮助；当他们感到烦恼时，才会向家长倾诉。

这并不意味着他事事都要听从家长的安排，成长为没有主见的人，而是引导他在听取各方面意见后，结合自己的判断，最后找出一个最佳的解决问题的方法。

以后就当这样的爹

有一天儿子发过来一张截图，一台电脑标价 36000 元，接着发过来一张客户评价截图，上面写着："儿子用后感到很满意。"然后儿子发来一句话："以后我也当这样的爹！"

虽然知道儿子是在调侃，但调侃的背后也隐藏着他内心的一些真实想法。

儿子上大学时，我给他买了一台不到 4000 元的电脑。这是嫌电脑不好吗？这可是花掉我当时大半个月的工资呀！

马上在微信上与儿子交流。

我首先肯定了儿子的想法，父母应该尽最大可能给孩子提供最好的教育条件，老爸也一直是这样做的。老爸一直也是爱孩子爱到无能为力，为家庭拼搏到感动自己。

可老爸的能力有限呀，不能像那位富爸爸，什么都能给孩子提供最好的。老爸只能做到这个份上了，为了让儿子更加优秀，也是尽了全力了。

为了以后能为自己的孩子提供更好的条件，儿子，你现在应该更加努力才行。只有现在在大学里把能力锻炼强了，才能在社会上崭露头角，过更好的生活，为老婆、孩子提供更好的生活保障。

　　还有，以后如果你真的有了钱，不应该只想着自己的孩子，还要想着把自己含辛茹苦养大的父亲、母亲。我喜欢住大别墅，希望儿子能尽早给我安排上！

　　儿子发过来一张笑脸！

兴趣班不再是负担 🍇

有一个做生意的朋友，儿子上小学三年级。为了不让孩子输在起跑线上，除了让孩子学好学校里的功课外，他还非常注重对孩子兴趣爱好的培养，为孩子报了高尔夫球培训班。

家长的初衷是想通过兴趣爱好，一方面培养孩子运动的能力，另一方面引导孩子通过兴趣爱好结交朋友。这样不但可以丰富孩子的生活，还可以为他以后更美好的人生打好基础。

理想很丰满，但现实很骨感。孩子在学业上表现得很不理想，成绩中等偏下。在开始学打高尔夫球时，孩子很有积极性，但一个学期以后，随着训练强度的加大、要求的提高，他逐渐失去了兴趣。孩子还养成了抱怨的习惯，认为家长增加了他的学习负担，一切的不理想都是家长造成的。

我建议朋友静下心来与孩子好好地沟通一下。

首先，让孩子认识到学打高尔夫球的好处，如运动使人身心愉悦、通过运动结交朋友等，并告诉他，并不是每个家庭都能负担得起学打高尔夫球的费用的。

其次，让他知道父母挣钱的艰辛。天上不会掉馅饼，父母挣到钱是基于艰辛的劳动。要让孩子明白，做任何事情都一样，没有付出就不会有回报。

我对朋友说，如果孩子现在不想打高尔夫球就不学了，他以后再想去学，也不要轻易答应他。只有他学习成绩有了起色，或学习态度、学习习惯有了改善后，再作为奖励让他继续去学高尔夫球。学习一定得有要求，学生的职责就是把学习搞好，这是必须做好的事情。

朋友非常认可我的观点。孩子最后还是充满兴趣地继续去打高尔夫球了，因为他舍不得离开一起学习的小伙伴。他的学习态度也发生了很大的改变，屡次得到教练的表扬。现在在学校里也表现得很好，学习习惯有了很大改善，期末考试竟然考了班级前十名。

这个朋友对孩子的教育取得了成功，是因为他转变了思维方式。孩子原来把兴趣班当成额外的负担，而现在家长把兴趣班变成了孩子学业进步的一种奖励，所以结果大不相同。

对一位老师印象的改变

那天中午近一点钟时，失联近一周、正在上大三的儿子打来视频电话，兴奋地告诉我他忙了近三个周的工业设计取得了全院唯一的优秀。

刚开始上这门课时，他也有诸多抱怨。给他们上这门课的是位"老太太"，做事严谨，不苟言笑，不知变通。上届选她这门课的 150 多人，大部分只能是及格，只有三人良好，无一人达到优秀水平。

儿子对自己要求一向甚高，功课门门优秀，因为他想保送到一个更好的大学去读研，所以一直惴惴不安，生怕这门功课达不到优秀级别。

开始上课后，这位老师也确实像上届学长、学姐说的那样，要求非常严格。其他学院类似专业的教师很好"糊弄"，在网上买个相似的模板，加上自己的思路，修改、优化一下，一般就可以轻松过关了。但这种方法对他们这位老师却没有任何作用，她的要求非常细致，看问题一针见血，她要从图纸上看出这个人的思路与方法。

虽然儿子平时非常仔细认真，可上交的图纸还是一遍遍地被驳回。以至于他开玩笑说自己多次梦到被要求重新修改。功夫不负有心人，经过不懈努力，儿子终于拿到了优秀，非常开心。

我趁机对儿子说："现在你认为这个老师怎么样？是这样的老师好还是'糊弄'一下就过关的老师好呢？你只有现在学到了真本领，以后在社会上才会有一席之地。再说，通过艰辛的付出与努力得来的东西，才会给自己带来真正的快乐！"他沉思了一下，认可地点了点头。

他接着说："像她这样敬业的老师现在很少了，从早上上班一直到现在，一直在回答同学的问题，帮助那些没过关的同学修改、完善，现在还没有吃午饭呢。"

我问他："你中午怎么吃饭呀？现在已经快一点了。"他说他刚订了外卖。

我又趁机说："是否应该给这位敬业的老师送份外卖呢？对这种敬业的老师要心怀感恩与尊敬。"儿子很快答应说："我忘了，马上订一份给老师送过去。"

我开心地笑了，儿子确实长大了！

大学生要不要勤工俭学

我一直鼓励儿子在大学期间进行勤工俭学，一方面可以赚点零花钱，另一方面可以多接触社会，积累一些社会经验，锻炼一下工作能力，为以后的工作、生活提前做好准备。但儿子不认可我的观点。

他说，作为一名工科生，学校的学习任务非常重，学习之余还要参加社团或别的科研项目，所剩时间很少了，根本无法兼顾其他。

有很多学生，为了赚取眼前的零花钱，荒废了学业，非常令人惋惜。

如果全身心地投入到学习中，家庭一般的学生，只要学习成绩位于全班同学前三分之一，就可以拿到 5000 元的励志奖学金。如果学业非常突出，就可以拿到 8000 元的国家奖学金。这都比利用课余时间进行勤工俭学要挣得多。

现在很多大学生大学毕业后还想再读研究生，那更要把学业放在第一位才行。如果不能获得保研资格，想去一个好一点的大学读研的压力不亚于高考。

首先，现在大部分大学生都想读研，考研竞争非常激烈。

其次，很多大学留有保研名额。一般情况下，保研资格的确立依据前五个学期的学业成绩。如果获得了保研资格，大四会过得非常轻松。

他的一位学长被保送去了清华。在其他同学都争分夺秒备考研究生的时候，学长去了一家大型企业实习。实习期间每个月的工资近万元，与其他同学拉开了巨大的差距。

学生的职责是把学业搞好，如果学习之余确实还有精力，做点社会兼职也未尝不可；但如果无法兼顾，还是不要去尝试了，毕竟学业对大学生来说才是主要任务。

用心是攻克难关最好的方法

有很多学生抱怨自己基础差或找别的外在原因，为自己学习没有进步找借口。其实，他们并没有发自内心地想要提高自己。如果他们想提高、想进步，一定会找到适合的方法与途径，也一定会取得骄人的成绩。

我国著名的科学家童第周先生，小时候家庭十分困难，没有受过正规的小学教育，仅有的一点基础知识都是跟在家务农的父亲学的。他十几岁的时候直接上初中就读，但由于基础很差，所有功课的平均分只有 40 多分，校长建议他回家务农。

但他请求校长再给他半年时间，如果还跟不上功课再考虑回家。从那以后，他学习更加刻苦了。他利用一切可以利用的时间来学习。经过半年的刻苦学习，他的各科平均成绩达到了70 多分，几何还考了 100 分。

进入大学以后，他学习更加勤奋。经过不懈努力，他最终成为我国著名的科学家，为祖国做出了杰出的贡献。

中国乒乓球冠军邓亚萍退役后成为国际奥委会成员，经常出席大型的国际会议。但由于她的英语太差，每次参加会议都需要翻译。

有一次，她参加一个大型会议，由于她的翻译来晚了，会议不得不往后推迟。这时有个委员向她投来鄙视的一瞥，这让邓亚萍很受伤，她下定决心把英语学好。

对于基础如此差而且工作非常忙的人来说，要学好英语，其难度可想而知。但她咬紧牙关挺了过来。经过不懈努力，现在她不但可以听懂别人讲英语，而且可以流利地用英语与别人交流。

所以，不要夸大你的困难，也不要找各种理由，只要用心，没有解决不了的困难。面对困难，首先要积极面对；然后，想尽一切方法来解决它；解决完后，要学会忘记，开始新的生活，迎接新的挑战。

如何应对孩子对老师的指责 🍇

儿子上小学三年级时，一天放学回到家，表现得很不高兴。问他原因，儿子说老师在上课时狠狠地批评了他，还罚他站。但事情的起因并不是因为他，而且老师不听他解释。这件事让他十分委屈，而且感到很没面子。

耐心地听完事情的前因后果，看来真的是老师错怪他了，老师处理得有点武断、粗暴。这种情况下，家长首先应该站在孩子的角度来看问题。很多在家长眼里很小很小的事情，在孩子眼里就是天大的事情。学会与孩子共情很重要。

首先，我对儿子的情绪进行了安抚，告诉儿子，如果我在他那种处境，也会感到伤心、难过，甚至很生气。

接着，我告诉孩子："即使是老师错怪了你，你也有做得不对的地方。别的同学招惹你，你可以告诉老师，但不要自己盲目解决，否则有理也会变得没有理。比如在社会上，别人打了你一巴掌，如果你打回去，就变成了互殴，警察会判双方都有责任。如果你在受到伤害后立即报警，警察会处理施暴者，你就没有任何责任。再说，老师也不是'神'，每天有很多事情要处理，他偶尔做出错误的判断也情有可原。在当时那种场合，假如你是老师，你是不是也有可能误解？"

引导孩子学会换位思考，学会站在别人的角度看问题，学会体谅别人。

我接着说："老师错怪你或许是个误会。你和同学这件事情如果发生在别的同学身上，老师也许睁一只眼闭一只眼就过去了。但老师对你非常严格，这说明老师对你特别关心，对你期待很大，希望你给别的同学作出表率。你看你现在学习进步非常大，这和老师的帮助、你自己的努力都分不开。你这么棒，应该能理解老师的良苦用心。"儿子听后点了点头。

对孩子进行正面引导很重要，要引导孩子学会感恩老师、感恩他人，这样老师对孩子也会越来越好。

最后，我告诉孩子，明天首先感谢老师对自己的严格要求，接着委婉地向老师解释当天所发生的一切。相信老师会作出正确的判断。

孩子总会长大，要培养孩子与他人沟通的能力。只有与他人沟通的能力提高了，才能更好地与他人交往，才能解决因为误解所带来的问题。

家长是孩子的第一任老师，家长的思维方式、表达情绪的方法直接影响着孩子。

有些家长看到自己的孩子受了委屈，就想去找老师出口气，这实际上是一种负面的处理方法。如此一来，不仅不能使孩子正确理解并化解心中的怨气，还会助长其得理不饶人的心理，加深和老师的矛盾。

　　用正面的思维来引导孩子，"正能量"地去面对问题，让孩子理解、体谅、包容老师。这样的教育才能够帮助孩子消除内心的消极情绪，而且无形之中可帮助孩子提高分析问题、解决问题的能力。

　　教育孩子是家长的责任，想要教育出好孩子，家长先要从自我教育与自我提高开始。"己所不欲，勿施于人"，对孩子的教育也是如此。

　　愿家长朋友们与孩子共同成长，不断提升自己分析问题、解决问题的能力，在孩子成长中做最好的榜样与引领者。

如何对孩子进行惩罚

我们小时候几乎都被家长打过，挨打时除了肉体上的痛苦，还会遭受精神上的折磨。很多家长认为，孩子挨了打就能变乖，但心理学家通过研究告诉我们，体罚并不像大人们想的那样，能让一个叛逆的孩子变得顺从。相反，这样做可能会让一个孩子的攻击性变得更强。

心理学家调查了 273 名母亲对待孩子不当行为所采取的措施，发现有 6% 的妈妈从来不使用体罚，有 68% 的妈妈采用打孩子屁股的体罚方式，还有 26% 的妈妈对孩子进行了严重体罚。通过 6 个月的跟踪调查，发现孩子受到体罚越严重，其攻击性行为越多。

据调查研究，大约有 50% 的研究对象在青少年时曾受过体罚，而这些受过体罚的个体后来更可能经历诸如抑郁、自杀、酗酒、虐待儿童、家暴等问题。

这些调查研究都指向一个共同的结论——体罚并不能让一个孩子变好，反而会给孩子造成各种不良的影响，所以父母应该终止对孩子的体罚。

不能体罚孩子并不代表不能对孩子的不良行为进行惩罚，

否则有些孩子会变得无法无天。实际上，适宜的惩罚可以使个体不良行为减少。对孩子的惩罚需要遵循以下原则：

第一，惩罚永远是别的办法无效或迫不得已才采取的手段。有些家长为了发泄自己的不良情绪而打骂孩子，这种做法是万万不可取的。父母心情不好而迁怒于孩子，这种惩罚只会让孩子对父母产生恐惧、怨恨的情绪，产生混乱的是非观，并不能减少孩子的不良行为。

第二，要控制惩罚的力度。适度的惩罚可以让一个人长记性，而重度的惩罚只会引来反抗和敌对，同时也会留下巨大的心理阴影。常遭受重度惩罚的人，长大以后很有可能会以暴力的方式对待他人。

第三，在不良行为出现后立即进行惩罚。只有这样，才能使惩罚具有针对性，孩子才能明白为什么受到了惩罚，从而达到惩罚的目的，取得理想的效果。

第四，惩罚要有标准。要让孩子明白出现什么样的不当行为时必须受到惩罚，使其慢慢养成底线意识。

第五，惩罚应该归因于孩子的不良行为，而不是孩子不可改变的特征。惩罚是为了改变一些可以改变的行为。如果一个人因为他某些不可改变的特点而受到惩罚，不仅不能使他在这个方面变好，还会给他带来很大的心理阴影和负担。

第六，惩罚过程中不应该伴随其他与惩罚效果不一致的行为。如果因为一种行为受到惩罚，同时也受其他人不一致行为的干预，这样的惩罚就失去了效果。比如说，一个小孩看到别的小朋友有个好看的玩具，也哭闹着非要买。因为刚给她买过类似的玩具，母亲批评了她，告诉她不要与别人攀比。但奶奶看不下去了，认为不就是个玩具吗，就偷偷跑去给孩子买了。很显然，母亲的批评不会有效果，因为奶奶的做法强化了儿童的哭闹行为，让他认为哭闹一下就可以让大人们就范，达到自己的目的。

家长在惩罚过程中要认识到潜在的强化因素，可以通过家庭成员的沟通来达成教养态度上的一致。当一位家长教育孩子时，另一方一定不要表示出相反的意见。

不过，有的时候伴随惩罚的强化是比较难认识到的。比如，老师在批评一个学生时，有时候学生感觉受到的却是老师的关注，其实关注对这个学生来说就是奖励。这就可以解释有些孩子为了引起老师的注意故意调皮捣蛋。

研究证明，实施皮肉之痛的体罚效果并不如家长们所想象的那么好。所以当孩子做错事情时，父母可以让孩子做一些在父母看来比较有积极意义而孩子不太愿意做的事情，以此来作为惩罚。比如说，你的孩子现在不愿意学习，可以罚他跟大人一起做家务或干别的体力活。这样既可以让孩子知道劳动的艰辛，又可以培养孩子的劳动能力。在劳动的整个过程中，亲子之间的聊天与合作还可以增进双方感情，这样的惩罚可谓是一举多得。

放学后，家长应与孩子聊些什么

有很多家长反映与孩子关系紧张，感情淡漠，交流困难。作为家长，该如何做才能破除僵局、提升亲子关系、优化家庭指导策略呢？

为了培养和孩子的感情，家长除了要学会倾听孩子的心声，主动与孩子聊天也很重要。那么，孩子放学回到家里，家长应与孩子聊些什么呢？

首先，引导孩子分享学校里发生的事。孩子一整天在学校里，已经被学习搞得焦头烂额了，回到家里，最需要的是身心放松。作为家长，这时候要学会关心他的基本生理需要。首先问他肚子饿了没有，要不要吃点水果、喝点水等等。生理需要是第一要务，这完全符合马斯洛的需求层次理论。

当孩子的生理需求得到满足以后，家长应鼓励孩子分享一下班级里或者学校里发生的有趣的事情。在与孩子交流的过程中，家长在无形中表达了对孩子的关爱，同时也渗透了自己的价值观、人生观、世界观，还可顺势引导孩子在生活中关心、关注好的、正面的事情。

即使孩子说起学校里不开心的事情，家长也要引导孩子看到这些事积极的、有利的一面，用积极、乐观、向上的心态面对生活中的一切。

在聊天的过程中可以矫正孩子不良的价值观念，教给孩子正确处理问题的方式、方法，提高孩子解决问题的能力。

其次，询问孩子当天在学校里都学到了哪些新知识。家长听不懂的时候要耐心、虚心地向孩子请教，做一个耐心、虚心的学习者。这样，孩子不仅可以回顾、复习当天所学的重点知识，而且在教别人的过程中，表达能力与自信心也会得到提升与加强。

这个方法看似简单，但对帮助孩子温习所学功课与提升学习能力特别有用。其中暗含了学习金字塔的理论——把所学知识教授给他人是最有效的学习方法。

有这么一位家长，因为孩子学习很差，而自己限于文化水平辅导不了孩子，就让孩子每天把所学的知识讲给他听。经过一段时间，家长的知识有了一定的积累，孩子也变得越来越自信，成绩也越来越好了。

最后，家长要问孩子有没有什么事情需要帮忙。尤其是低年级的孩子，要不要帮他一起查资料？这样做，一方面表达了家长对孩子的关爱，另一方面也是引导孩子对第二天的功课进行预习。预习做得好，孩子上课听讲会带着问题听，有利于培养其上课听讲的专注度。

好的聊天方式、聊天内容不仅能加深亲子关系，还能培养孩子的学习兴趣，传授高效的学习方法，渗透正确的价值取向、社会观念。

如何帮助孩子平稳度过逆反期 🍇

这是一个初中一年级的孩子，就读于本区最好的实验中学。爸爸是公务员，母亲是本区一所中学校长。他第一次到我家来应该是两周前。来的原因是孩子学习成绩下滑得厉害，他的妈妈让我鼓励鼓励他，疏导一下孩子的不良情绪，指导一下学习方法。

男孩表现得有点拘谨，妈妈在那里滔滔不绝地说，语气非常强硬。男孩虽然没有多说话，但从表情来看对妈妈说的话显然不以为然。我能看得出孩子处在叛逆期的初期。

第一次只是泛泛而谈，我与孩子分享了一些学习成功的例子，渗透了一些实用的学习方法，尽最大努力消除孩子的紧张感。

过后我与孩子的妈妈通了电话，证实了孩子现在确实处在叛逆期，在家里经常与家长顶嘴。

我告诉孩子妈妈，在这种情况下家长要学会倾听，少指导。即使指导，也不要重复，否则家长的指导在孩子的眼里就变成了唠叨，而且家长要学会在孩子面前示弱。只有学会倾听才会有交流，只有学会站在孩子的角度看问题才能真正走进孩子内心，孩子才会听从家长的指导。只有学会示弱，才能让孩子慢慢地成长。

第二次过来之前孩子妈妈与我通了电话，说孩子小测验考得非常不理想。英语只考了 80 多分，这是从前没有过的。他小学阶段经常得 100 分，而且还参加了课外辅导，所以妈妈觉得非常不可思议。为了让孩子放松，了解孩子内心真实的想法，这次我让孩子自己过来。

谈起学习，孩子并不像他妈妈那么焦虑，但也有点沮丧，他没想到会考得这么差，因为他也尽力了。

我首先告诉孩子不要光看分数，因为每次出题的难易程度不一样，而且随着学习程度的加深，分数考得低一点是很正常的。但是一定要知道考试的目的不是比较谁高谁低，而是检测自己这段时间学过的知识掌握得怎么样。如果考得不好，把错的知识点弄懂不就行了？只有这样学习才能越来越好，才能真正地获得学习兴趣。

在谈话过程中，我还告诉他遗忘的规律，告诉他学习英语及其他学科要用零散的时间，在遗忘发生之前就进行复习巩固，这样效果会越来越好。

接着，我让他把这次考试的试卷拿出来。说起这次考试不好的原因，他说很多错误都是粗心造成的。我告诉他，以后不要把所有的问题都归因为粗心。因为英语考试有足够多的时间来检查，做不对的原因大部分是对知识点掌握不牢，在做选择的时候委决不下。

如果不找到问题的根源，不把问题搞明白，就不利于问题的解决，下次遇到类似的知识点还会出错。

最后，我们一起分析了他做得很差的一篇新型阅读理解题，这类题型在高考中也是难点。我先鼓励他找出所有不会的知识点，再给他详细讲解。当我和他把所有的盲点、难点问题都解决了，还有两个题，他仍然不能理解为什么错了。我知道他的思维能力还不够。我帮他梳理写作时的正确思维方式：一篇文章要把一个道理讲得让人信服，要从正反两方面来说，而且要有层次感。这样他不仅明白了出错的原因，知道了下次遇到类似题目时该怎么做，还学会了正确的写作思路，提高了阅读与写作能力。

在他妈妈来接他之前还剩一点时间，我告诉他妈妈工作的不易。作为一名校长，有很多事情要处理，工作并不像他想得那么轻松。他只是看到妈妈作为校长光鲜的一面。我叮嘱他在家里要体谅妈妈的不易，多为妈妈做些力所能及的事情。虽然有些说教，但他还是认同地点了点头。

要引导处于逆反期的孩子做事不能总以自己为中心，学会关心他人。无论在家里还是在校园里，都要学会担当。这样会让他从逆反当中慢慢地走出来，逐渐成长为有担当、有作为的人。

孩子为什么会逆反呢？一方面是因为随着自我意识的觉醒，他认为自己长大了，有能力处理和自己有关的问题，可以当家做主了；另一方面，他对事情的考虑还不成熟，听不进家长与老师的劝告。引起孩子逆反的常见原因大致有下面几种：

1. 家长专制

有些家长对子女的教育缺乏民主意识，对孩子缺少尊重。他们认为孩子还不成熟，要绝对服从家长，不能有自己的看法。因此，孩子不会或很少会把他们当成自己的倾诉对象，怕自己做错事后受到责备。

许多中小学生在自己做错事后，最反感家长的指责，而他们反感的原因是家长们盛气凌人，态度生硬。

2. 缺乏交流

有些家长因为工作繁忙，很少与子女谈心，进行思想交流，只是定下一些严格的规定来约束、限制子女的行为。处于青春期的孩子如果没有一个和谐温馨的家庭环境，与父母缺乏交流，就容易产生叛逆的心理和行为。

3. 教育不当

一些家长缺乏基本的心理学常识，对子女教育急于求成，方法简单粗暴，经常无视子女的自尊心和心理承受能力。特别是当孩子们有过失时，这些家长不能与孩子们一起分析错误原因，商量补救办法，而会责骂甚至殴打孩子，使孩子在犯错误时孤立无援，产生叛逆。

4. 周围环境的影响

学校个别老师粗暴的教育方式或不公平对待学生的行为，周围同学的不恰当行为方式，以及大众媒体一些不恰当的渲染，像一些影视作品中美化叛逆者的个人行为、夸大叛逆者的能力、鼓吹个人主义的桥段等，都可能导致孩子形成叛逆心理。

孩子进入叛逆期后，独立意识、自尊心空前强烈，如果父母教育方式不当，他就会觉得父母在控制自己，自尊心受到伤害，就会用不听、不学、离家出走等方式进行反抗。

对于处在青春逆反期的孩子，家长最好这样做：

1.冷静对待孩子的逆反行为

逆反期是孩子成长过程中必不可少的一个阶段，是孩子的心理断乳期，是成长期，而不是危险期。家长不应也不必把孩子的逆反心理和行为视为洪水猛兽，应冷静下来，正视问题，审慎对待。

2.要学会尊重孩子

要给予孩子必要的空间和选择，让孩子感受到自己被尊重和理解。在尊重的基础上，引导孩子自己去思考和判断。

3.要学会倾听

学会倾听才会知道孩子的困惑、需求，才能与孩子进行有效的交流，才能真正走进孩子的内心，才能有的放矢地为孩子提供帮助，才能成为孩子的良师益友。

4.要学习一些好的教育方法

可以多看相关教育图书，也可以多向孩子的老师或其他优秀家长请教，不断提高自己的家庭教育水平。

18 岁后的孩子要不要管

一次聚会时认识了一位新朋友。说起孩子的教育问题，他侃侃而谈，说自己非常认同西方的教育理念，应把培养孩子自立自强的能力作为教育的首要任务，中国家长要向美国人学习，把孩子培养到 18 岁就不用管了。

要培养孩子自立自强的能力，我非常赞同。但是把孩子养到 18 岁就放手不管的观点，我是不赞同的。我没有去过美国，不知道美国人是否真的等到孩子 18 岁就完全放手不管了。但是在中国，如果家长到孩子 18 岁就完全放手不管了，是不可能的。

18 岁是孩子刚高中毕业的年龄，他要上大学的话，每年要支付一部分学费，还有生活费，这靠孩子自己解决是不可能的。尤其是现在的大学，对学生学习成绩越来越重视，每年都有很多大学生因为学业不达标而毕不了业。

所以，让孩子一边学习一边做兼职工作，几乎是不可能的。家长依然要为孩子上大学提供经济保障。如果孩子继续攻读硕士或博士，在校期间的补助会多一点，这时候稍微让他们自立一点是完全有可能的。

再说，对孩子的教育不仅仅是经济上的问题。孩子到了 18

岁确实已经达到法定的成年人标准，但由于他们大部分时间都在校园读书，思想上仍不够成熟，社会经验十分欠缺，人生观、世界观、价值观的树立依然需要教师、家长的引导。

并不是所有外来的经验都是好经验。即使是外来的好经验，也一定要和我们的现实情况相结合，这样才能产生更好的效果。

报志愿优先考虑院校还是专业

临近报高考志愿时，有很多机构宣传他们报考志愿的能力有多强。他们会列举很多成功的案例，其中最引以为豪的是某个学生以总分倒数第一的名次被某高校录取，一分也没浪费。

听起来确实很不错，但所录取的专业是该考生最满意的吗？如果只是为了上一所不错的大学，就不得不牺牲掉所喜爱的专业，这样做真的值得吗？

十几年前有一位青海考生周浩，高考 660 分，在填报高考志愿时，他依照父母意愿，最后选择了北京大学，读了自己不喜欢的专业。大一时他可以申请转专业，但成绩必须达到本专业所有学生的前 10%。在学霸云集的北京大学，这是周浩难以完成的目标。最终，他没能成功转专业，对所学专业又实在没有兴趣，只好休学两年。两年后，他转学到了北京工业技师学院，选择了自己最感兴趣的专业。在学校期间，他学习努力，成绩优异，参加了许多比赛，获得了许多国家大奖，毕业后留校当了老师。他虽然走了弯路，但结局还算圆满。

我身边还有两个类似的案例。一个是女生，高中时学习非常优秀，参加了武汉大学的自主招生，被生物科学专业录取。

她不是太喜欢这个专业，但考虑到学校很不错，还是去上了。她在大学期间学习非常努力，发展得还可以，四年后推免去了上海交通大学读硕。硕士毕业后本来可以获得去荷兰公费读博的机会，但她还是因为不喜欢这个专业而放弃了，最后去英国自费读了另一个专业的研究生。

另一个是儿子的高中同学。这个孩子高中期间学习成绩优异，高考考取了中国海洋大学，读了数学专业。因为不喜欢这个专业，休学两年后，转到了汉语言文学专业学习。

儿子当年报考志愿时，我们一起研究每一个可以去的学校、可能被录取的专业，以及这个专业会学习什么知识、毕业后能做什么工作。

儿子是被报考的第四个大学的第四个专业录取的。虽然不是他最喜欢的专业，但是他也不排斥。刚进大学时他也想转专业，所以学习非常努力。

大一整个学年，为了转专业，他学习非常刻苦。令人欣慰的是，他总成绩全院第一，可以转专业了。但他最后决定不转了，因为他越来越喜欢现在所学的专业了。

学习或工作中遇到"牛人"怎么办

初一时，儿子放学回家后对我们说，他的同桌可厉害了，没见她怎么用功，但是几次考试她都是班级第一名。

高一时，儿子说，他的同桌学习能力超强，老师没讲的章节，他已经自学完了，而且把相关的辅导材料都"刷"了一遍。

大一的时候，儿子说，有个胶州的同学聪明得不得了，在高数方面简直是个"变态"，老师想不到的方法，他都能想到。

博一的时候，儿子说，有个同学简直是神一般的存在，他获得了国家奥数一等奖。刚直博进入浙大时，导师想看看他们大学的毕业设计。儿子的毕业设计花了很长时间，费了好多心思，导师只是说他做得很用心很仔细。但是看完那位同学的毕业设计后，导师说，再好好整理一下，找个顶级期刊发表吧。

听到孩子说这些话的时候，我可以体会到：儿子心里绝对有点沮丧，有深深的挫伤感；儿子是羡慕这些同学的，他内心深处也想取得这么好的成绩。

这时候，我一般会这样对孩子说：

"全球人的智力水平呈橄榄球状，绝顶聪明与非常愚笨的人都是少数，大部分人的智力水平都差不多，所以要接受有很多人比你聪明的现实。

"想想你迄今为止遇到的聪明同学，那些在学业上或研究上取得不错成绩的，也是与他们的勤奋与努力分不开的。为什么有些当年非常聪明的同学，现在变得平庸了呢？你身边曾经遇到的'牛人'，为什么有很多现在不那么优秀了呢？想一想《伤仲永》中那个经典的例子。他们后来是否发展得好，取决于他们的努力程度及做事的方式、方法。

"物以类聚，人以群分。你现在处于一个优秀的群体里，说明你也是非常优秀的。浙大的专家团队当时能够选中你，说明你也有别人所没有的优秀品质。即使你现在不如一些同学优秀，但多向他们学习好的做法，持续优化自己的学习及研究方法，你也会做得越来越好！

"遇到'牛人'可以锻炼我们的胸怀。千万不要做出那种'既生瑜，何生亮'的感叹。在这个'牛人'辈出的时代，遇到比自己更强的人是非常正常的。多向别人学习，自己也会变得越来越好、越来越强！"

课外辅导是把双刃剑

有一个朋友的孩子，现在刚上初一，周六、周日的时间被课外辅导安排得满满的：语文参加作文辅导，数学参加数学思维辅导，英语参加口语辅导，另外还学着毛笔字、小提琴等。

两天的时间，他在家长的陪同下像赶场一样穿梭在不同培训班中。可学习成绩依然不理想，依照现在的成绩来看，考上一般的高中都非常具有挑战性。这种情况不仅使孩子感到非常苦恼，家长也很受伤。

我一直认为课外辅导是把双刃剑：如果利用得好，会对提高孩子的成绩有所帮助；如利用不好，只会增加孩子的学业负担。那么，什么样的辅导对孩子有好处呢？

对基础差、学习方法存在问题但又上进的孩子，辅导后孩子的成绩一定会有所进步；如果辅导老师能针对孩子存在的短板"对症下药"，孩子接受课外辅导后也一定会进步；如果孩子学习自觉性、主动性比较强，有问题意识，能带着问题去参加课外辅导，效果会更佳。

如果能调动学生的学习主动性、积极性，也就是说让学生的内驱力有所增强，任何辅导对孩子都是有帮助的。

但如果孩子只是被动地接受家长的安排，缺乏学习主动性，也没有问题意识，这样的辅导只会增加孩子的负担，其学习成绩也不会有大的提升。

一些学习态度不端正、缺乏学习主动性的孩子，根本就没有把学习当作一回事，也从来没有意识到学习的重要性。这种孩子去参加补习班，不会产生任何好的效果。对于这种学生来说，家长与其耗费钱财给他补课，不如想办法先把他的学习兴趣培养起来，让他把学校老师上课教的知识掌握好。

自执行"双减"政策以来，校外辅导被严厉禁止。家长所能做的只能是想尽一切办法培养孩子学习兴趣，提高其自学能力。

不做"渣男"

大学四年当中，儿子一直专心于学业，虽然有些非常要好的女同学，但没有交过女朋友。儿子放假在家的时候，我们经常拿这个"单身狗"开玩笑。

儿子也很会自嘲，说自己不高、不富、不帅，所以找不到女朋友。假如自己又高、又富、又帅，自己早就成"渣男"了，每周都换不同的女朋友。虽然儿子在开玩笑，但话里隐含着不太正确的价值观。

我跟儿子探讨人为什么要谈恋爱。我很赞同一个专家的话，不以结婚为目的的恋爱都是耍流氓。

有很多人认为男孩子出门在外非常省心，至少在谈恋爱的过程中不会吃亏。作为成年人，我们都知道所谓的"不吃亏"指的是什么。但男孩子真的不吃亏吗？

首先，不严肃对待恋爱、没有正确恋爱观的男孩子，是对爱情不负责任的人，说明其做人的境界不高，思想庸俗。哪一个优秀的女孩子，会找一个道德品质低下的男孩子呢？

其次，在感情方面非常随便的人会有很大的风险。有很多大学生，因为不检点的婚前性行为而感染了艾滋病等疾病，造成无法挽回的损失。所以如果不好好把握，男孩子也会吃亏的，甚至吃大亏。

我进一步表扬儿子说，你不是"渣男"，说明你品行非常好。男人"渣"不"渣"和外在的形象、是否拥有金钱没有太多的关系。有很多外表不好而且没有钱的男人，照样会成为"渣男"，欺骗了很多女孩子的感情。

儿子表示，他要做一个品行端正的人，坚持正确的价值观、恋爱观、婚姻观，找一个持有相同恋爱观、价值观的女孩子为伴侣，快乐幸福地度过美好的人生。

如何提升学习和工作效率

无论是在学习还是在工作中，总有一些人效率特别高，办事雷厉风行、干净利落。那么，如何才能提高学习、工作效率呢？

1. 要学会总结反思

引导孩子反思做过的事情，总结成功的经验，并且多思考遇到类似的事情是否还有更好的解决办法；分析做过的事情中存在的不足，思考处理类似事情时有没有更好的应对措施。

当孩子在学习上遇到挫折、考试成绩不佳时，要引导孩子找出失利的真正原因，改进学习方法，力争使学习状况有所改善，从而增强自信心。

心理学的研究表明，学生在学习上取得成功的次数越多，积极愉快的情绪体验也就越多。这有助于逐渐消除他因为失败和挫折而产生的消极情绪，从而将其消极的学习态度转变为积极的学习态度，真正激发起学习的内驱力。

2. 向周围的伙伴学习

引导孩子学习优秀伙伴做事速度快、学习效率高的经验，或暗中分析他们学习、工作中存在的不足，并思考如何才能更好地提高学习、工作效率。

向本班级或本行业中的成功人士学习，吸取他们学习、工作的成功经验。

3. 向其他行业的成功人士学习

引导孩子学习其他行业成功人士的成功经验，并将这些经验嫁接到本行业中来。学会了这一点，你就学会了创新，这种迁移的能力会让你事半功倍，工作、学习能力与效率会大幅度提高。

4. 合理分配自己的时间与精力

会学习的人总能合理地分配时间，使学习效率大为提升。

在学习中，还要引导孩子分清主次，合理地分配自己的精力，从而使自己在繁重的学习中保持清醒的头脑，用有限的精力取得尽可能高的学习效率。

当孩子精力充沛的时候，可以让他学习那些感到难学的学科；当孩子精力倦怠的时候，可以让他学习那些比较感兴趣或学起来相对容易的学科。

可不可以给孩子贴标签

当幼儿园的小朋友误拿了别人的东西，有些老师会说"你怎么能'偷'别人的东西呢"；当家里来了客人，如果孩子恰好在写作业而没有顾上打招呼，家长通常就会说孩子"没礼貌"；简单的题目做错了，家长也往往会批评说"这孩子就是太马虎"；等等。

无论是在家庭教育中，还是在学校教育中，类似的事例是屡见不鲜的。其实这些都是在给孩子贴标签。

当一个人被贴上某种标签时，他会作出自我印象管理，使自己的行为与所贴的标签内容相一致。这种现象被称为"标签效应"。

为人父母或老师，请别随意地给孩子贴标签。对孩子来说，你怎么定义他，他就会认为自己就是那样的人，然后逐渐朝着那个方向去发展。

我们要切记，不能给我们的孩子贴负面的标签。孩子一旦被贴上负面标签，往往就会被负面情绪牵着走，甚至会因此而自甘堕落、陷入深渊。

孩子们的性格千差万别，但总结起来无非就是安静一点或活泼一点，其实这都是非常正常的。很多家长或老师偏偏喜欢给自己的孩子或学生找毛病，内向一点就怀疑是自闭症，外向一点就怀疑是多动症。强行给孩子贴标签，危害之大，远远超出家长的想象。

不要给孩子贴任何负面标签，特别是六岁以前的小孩，因为他们还没有形成独立思考问题的能力。他们对父母、老师有依赖心理，非常容易接受心理暗示，按照父母、老师贴的标签去寻找归属感。

如果父母、老师不注意自己的言行，不断重复强化对孩子的评价，就会形成固有标签，甚至会潜移默化地影响孩子一辈子。

但在教育当中，我们可以适当使用正面的标签评价，来帮助孩子养成好的习惯、塑造好的人格，让孩子朝着我们希望的方向发展。

用正面评价来塑造孩子时，要注意选择的品质和行为是孩子可控的，并且要具体，不能泛泛而谈。如我们不要夸孩子聪明、好看等，因为这是孩子不可控的、不可改变的；但可以表扬孩子认真、负责、努力等，因为这些是孩子可以控制并通过努力能够达到的。

即使是这样，给孩子贴标签这种办法，在教育的过程中也一定要谨慎使用。孩子的世界是单纯的，孩子的发展有无限可能。很多孩子可能就因为家长强加的标签而改变了自己，使未来的发展受到限制。

家长们为孩子选定的所谓好的发展方向，其实未必适合孩子。例如，每个家长都渴望孩子多一些勇气和力量，但是一旦你给孩子贴上了"勇敢"的标签，可能就是变相鼓励他去冒险，而孩子一旦对未知的世界失去了应有的恐惧，后果有时是可怕的。这也是国家现在并不鼓励未成年人见义勇为，并且在教科书中删除了英雄赖宁的原因所在。

另外，过高期望的标签会让孩子产生压力。比如，"这孩子很聪明"这类含有高期望值的标签，说得多了会让孩子很有压力。大家以此要求孩子有非常好的表现，这无异于给孩子施压。有些孩子为了保住"聪明"这个好标签，不敢尝试、挑战有难度的任务，因为他们害怕因失败而失去"聪明"这个好标签。

所以，对待孩子，我们要多一点耐心，多一些引导，尊重孩子的发展规律。

在教育孩子的过程中，最好撕下一切标签，学会就事论事。少一句标签就是给孩子的成长多一点自由。孩子今天做得好，表扬他为此付出的努力和具体的进步；做得不好，指出他在方法和态度方面所存在的问题；当孩子不敢和其他孩子交流时，鼓励他迈出沟通、交流的第一步，用具体的指导取代下定义、贴标签的行为。

如果孩子的性格确实有缺陷，要多找找背后的原因，不断帮他总结和成长，永远让他相信自己的明天会更好。父母要尽可能地尊重孩子，多去陪伴、了解孩子，孩子才会更加自信，才会有更多自由的空间去发挥自己的潜力。

写给四年后自己的信

在儿子完成大学四年学业之前，他收到了所在大学学院寄给自己的一封信。打开一看，原来是在大一开始的时候，学校要求每个学生给四年后的自己写的信，主要内容是谈自己对未来的期望和打算。

儿子感到非常吃惊，学院里竟然把信保存得如此完好，而且在毕业之前能够寄给自己。他打开信，看着熟悉而陌生的内容，想着当时写信时的情形，一切好像都还历历在目。

令他感到欣喜和骄傲的是，四年后他已全部实现了当年的规划。当时他要求自己好好学习，毕业后考上一个更好的院校读硕士或博士，当时的目标是山大，现在看来原定目标已经超额完成。

人生的每一年、每一天都很重要，对于年轻人来说更是如此，因为他们正处于学业、事业的成长期。这所大学做得非常好，引导学生对自己的人生进行合理的规划，并引导学生反思自己对既定目标的执行情况。

相对于那些在大学过得浑浑噩噩的大学生来说，儿子做得非常成功了。人的一生好像非常漫长，但过后回想起来又感到非常短暂，四年时光不知不觉就过去了。

刚入大学时，他们几乎站在同一条起跑线上，但四年以后同学之间已经有了非常大的差别：有的同学走进了目标中的大学继续深造；有的同学走上了理想中的工作岗位；有些同学考研失利后继续复习，准备再度考研；还有些同学在苦苦寻找一个适合自己的工作岗位。

再过四五年，他们之间的差别会更大，不但因为他们现在的起点已经不一样了，更重要的是那些优秀的人已经养成了很好的人生规划能力与对既定目标的执行力。

"你差点破坏了我感知幸福的能力"

有一次与儿子在微信上聊天，谈起他小时候的事情，我们相谈甚欢，幸福欢快的场景历历在目。但他后来开玩笑，说我差点破坏了他感知幸福的能力。

我开始感到很好笑。我自认为自己在亲子关系方面已经做得非常好了，与儿子的关系还是比较和谐的。

但我还是抱着开玩笑的态度问他说："为什么呀？"

他回复说，因为在他小时候我经常叫他"丑八怪""小胖墩"等。

想想确实如此，但当时我是以开玩笑的语气说的，而且语态是亲昵的。

但是，我忽略了一个事实：当时儿子还很小，他的理解力并不像大人想象得那么强，他的承受能力也是很有限的。所以，他说我的玩笑话对他造成了很大的影响，一定程度上来说应该是事实，而不完全是在"卖萌"。

相比而言，生活中可能有些家长对孩子做得更过分，他们甚至会以很不友好的语气吼孩子"你胖得像头猪""你蠢得像头驴"等。试想一下，这样的语言该对孩子造成多么大的心理伤害呢？

智力再愚钝的孩子也能体会出这类话所包含的"恶意"，他的心灵一定会受到莫大的伤害。所以，家长与孩子交流时要留心自己的语言表达，要讲究"语言艺术"。

此外，心智发育还不太成熟的孩子很有可能对大人的玩笑或嘲弄信以为真，进而自暴自弃，丧失自尊、自信，影响以后的学习与生活。想想真是可怕。

与孩子谈心或批评教育孩子时，应就事论事，尽量不要加入太多情绪因素，更不要进行人身攻击。否则，不但达不到教育孩子的目的，甚至会对孩子的心灵造成巨大的伤害。

要不要参加高考复读

有个同学的孩子，参加了 2018 年高考。这个孩子平时成绩很好，多次模拟考试中数学、理综几近满分，但高考发挥得很不理想，与梦想的学校失之交臂。家长和孩子都觉得怎么也得上个"985"，再不济也要上个"211"，所以决定复读。

2019 年高考，因为数学、理综等学科都加大了阅读量，加上他语文本来就不太好，所以他又没有考好，总成绩还不如上一年。虽然勉强可以上山东中医药大学，但只能报最差的专业。经过再三考虑，他还是决定放弃，选择继续复读。结果，2020 年高考成绩依然不尽如人意。

高考失利要不要复读，仁者见仁，智者见智，谁也不能说哪个选择是完全正确的。如果考生高考发挥得特别失常，而且确实没有心仪的学校或专业，可以考虑复读。

如果说考得虽不是太理想，但还可以，说得过去，就不鼓励考生复读了。像刚才提到的那位考生，耽误了两年的大好时光，复读最终的结果也并不像想象得那么好。如果当年去上大学，拿出高考复读的干劲去努力学习，应该能考上理想院校的研究生。

对"要你管"不同的回答方式

疫情期间，因为孩子在家时间过长，很多家庭爆发了家庭矛盾，我们家也不例外。

当时儿子在上大三，因为哈尔滨疫情较为严重，学校直接不让学生返校。在家时间过长，我们与儿子也几乎到了"相看两生厌"的地步。好在我们相对来说比较理智，所有的矛盾都化解在谈笑中。

儿子喜欢学习，在家期间学习的自律性很强，但生活的自律性很差，如不按时洗澡、不喜欢吃水果、不打扫室内卫生等。

有一次我实在看不下去了，说了他一顿。他可能心情也不好，直接回了一句："要你管？"

我听了非常生气，但还是控制住情绪耐心地告诉他："在这个世界上有两类人我要管：生养我的父母，他们为了我的成长、成才操碎了心，所以我要管；你是我生的，我必须为你的健康成长、成才负责，这是我的义务与责任，所以我也要管。"

无形当中，我偷换了概念。儿子口中的"管"代表着家长对他的约束与干涉，所以他感到厌烦；我把"管"的概念换成了"关爱、关心"，不仅让他体会到家长对他的关爱，而且引导他学会对父母感恩。这不仅平复了儿子的不良情绪，而且让他理解了父母的良苦用心。

又过了几天，我看儿子在电脑前坐了很久，建议他出去走走，呼吸一下新鲜空气。儿子又不耐烦地说："你管我干吗？！"

这次我没有再次进行说教，因为上次该说的道理已经说完了，再说只会变成唠叨，让他更加反感。我笑着回应道："你猜！"儿子不好意思地笑了，过了一会儿穿上外套运动去了。

又过了一周多的时间，我又发现他在电脑前很久没有活动了，虽然非常生气，但还是耐着性子说："儿子，出去活动活动吧！"也许他太专注于自己的项目，不想被干扰，情急之下他又甩出一句："你管我干吗？！"

这次我依然没有生气，笑着对他说："你生气的样子真可爱，又让我想起你逆反时期的样子。现在每天坐在电脑前都快变成小老头了！"

已经21岁的儿子不好意思地说："学好工科要付出很多，没有办法，以后我会注意休息的。"

三次的情境几乎相同，作为父母关键是要控制好自己的情绪，不要受孩子情绪左右，否则只会激化矛盾，根本达不到教育孩子的效果。

全都是别人家孩子的错吗

一个六年级男孩的家长向我倾诉，说孩子的班主任老师对她家孩子不公平。

第一次班主任找家长谈话是因为她儿子与同班同学打架，但家长说起因是另一个同学惹事，所以她儿子才先动手打了对方。班主任老师在不问清原因的情况下批评了她儿子并找了她。

过了没几天，隔壁班的一个又高又壮的男孩嘲笑她儿子，说她儿子每天吊儿郎当的，像个小痞子。她儿子气急了，又动了手，与对方打了起来。她儿子下手重了点，对方家长不愿意了，到学校来找。可是这次也不怨她儿子呀，谁让别人家孩子先招惹她儿子来着。

最后一次是上周末，她儿子在外面的运动场打篮球，与其他孩子发生了冲突，她儿子被另外几个孩子打了。校方知道后，让班主任协调处理。这次她儿子明明已经吃亏了，可班主任老师还是对她儿子进行批评教育，真是气死人了。

耐心地听完这位家长的话，我平静地对她说：

"到现在为止，我对这三件事情的详情或真相也不十分清楚。但单单通过你的描述，我可以推断出你家孩子身上确确实实有些问题。

"你现在应该做的不是抱怨班主任老师处理事情不公，而是多反思自己家庭教育的不足，调整一下教育观念及教育方法，多向班主任老师请教。班主任老师毕竟有专业的教育知识与相对公正的教育立场。

"而且你们目标是一致的，都想把孩子教育好。你们不是站在对立面的敌人，你们是盟友，只有携手合作才能把孩子教育得更好。

"你现在可以利用一切手段和资源来为儿子支撑起一小片遮风避雨的天空，但以后他走向社会怎么办？要知道不是所有的事情都是以你的是非标准来判断的。你现在为他提供的特殊保护越多，他以后在社会上走得就会越艰难。"

最后那位妈妈默默地点了点头，但愿她能真正地改变。

生活中经常遇到这样的家长，在他们眼中，他们的孩子永远是对的，是最棒的。他们经常叮嘱孩子千万不要跟品行不端的孩子学坏了，他们不知道的是有时候其实问题恰恰出在自己孩子身上。

所以当自己的孩子与别人的孩子出现矛盾、出现冲突时，他们首先会指责别人家的孩子。正因为他们看不到自己孩子身上存在的问题，他们的教育就出现了偏差，这也使孩子失去了改正错误的机会。

迎风坡上的雪松没有折断

寒冬时节，雪域高原的一处迎风坡上，雪松傲然挺立，景象奇特。

为什么雪松能在这里存活下来呢？原来雪松的枝条比较柔软，当雪的重量达到一定程度时，柔软的枝条会下垂，把厚厚的积雪抖落下来。

这不禁让我想到了学习或工作中的压力。在这个快节奏的社会，压力好像无处不在。很多人被压得喘不过气来，失去了感受生活的从容与美好的能力，甚至身体出现了亚健康或其他更严重的病症。近些年有些孩子，甚至有不少在外人看来生活很光鲜的成功人士，因不堪重负而采取极端的方式结束了自己的生命，让人痛惜。

面对生活的压力，我们要向雪松学习，学会自我减压，轻松愉快地学习与生活。

作为家长，如何帮助孩子减轻压力，从容、淡定地面对学习、生活中的困难呢？

首先，培养孩子运动的好习惯。规律的体能运动，可以加强孩子在面对压力时的身体承载度，降低因压力所引起的不良身体反应。每天带孩子出去散散步，或者跑跑步、跳跳绳，引导孩子利用空隙时间进行锻炼。这样既可以劳逸结合、消除疲劳，还有助于减轻压力、放松心情。

第二，教会孩子通过正确的方式释放不良情绪。家长们应该帮助孩子学会转移注意力，这是非常有效的减压方法。可以跟朋友聊聊天，周末出去游玩一下，或者听一场音乐会，让孩子释放压抑的情绪。

第三，营造民主、和谐的家庭氛围。民主和谐的家庭氛围对孩子有很重要的影响。如果家长每天吵架，会对孩子产生不好的心理影响，时间久了，孩子也会产生压力。相反，良好的家庭氛围让人感到放松，让孩子感到家庭永远是最安全的港湾，父母是最值得依赖的人。这样，孩子才会更有信心和勇气去面对生活中的风风雨雨。

如何帮助学生集中精力

不少学生在上课或自习时，会不自觉地走神。这些学生不是不想学，而是不自觉地走神，所以他们会为此懊恼不已。如何帮助学生改掉走神的坏习惯呢？

作为教师，看到学生上课走神，首先一定要反思自己的教学方法、授课方式，如知识的传授是否有条理性、难易度是否合理、语言是否生动有趣等。

其次，要培养学生对所学知识的兴趣，让他们认识到所学知识对自己未来的学习、工作甚至人生的重要意义，调动其学习的内在激情。

再次，要鼓励学生养成动笔的好习惯。如可以一边学习、一边做摘录，这有助于精力的集中。如果只是坐在那里看书，极容易犯困或走神。

另外，在听课时，如果学生走了神或出现打瞌睡的现象，要鼓励学生想办法克服。如夏天用湿毛巾擦一下脸或伸一下懒腰，或者鼓励学生在不影响别人的情况下站一会儿。千万不能听任学生在课堂上睡觉，浪费大好时光。在学习的时间里睡觉，那该睡觉的时间他在做什么？长此以往，会形成恶性循环。

　　作为家长，让学生保持充足的睡眠与精力十分重要，所以要从小培养孩子良好的作息习惯。

狐狸为什么变傻了

　　一个风和日丽的周末，我与朋友到崂山西麓一个不太著名的小山——太和山去秋游。虽然已有一丝凉意，但由于风景如画，我们不知不觉就走到了一个幽静的山谷中。

　　在山谷中有一堆大石头，当我们走近这堆石头时，一个狐狸脑袋从石头缝隙中冒出来，把我吓了一跳。

　　因为游人日趋增多，加之一些人缺乏保护野生动物的意识，这里平时很少能看到大一点的野生动物，甚至连兔子都很少见到。让我们感到吃惊的是，石头堆当中有三四只狐狸，并且它们对我们没有表现出丝毫害怕的样子。

　　难道它们真像《聊斋志异》中描写的那样已经有了灵性，知道我们不会伤害它们？

　　通过仔细观察，我发现它们丝毫没有野生动物的灵性。它们身体臃肿、无精打采，给人感觉病恹恹的，真让人费解。

　　上班后与同事们说起这件事，有人突然想到，几年前有人在山里放生了一大批人工饲养的狐狸，当时《半岛都市报》还进行了报道。

　　当时，被放生的那些狐狸有的三五成群大白天在马路上溜达，有的还跑到附近的村子里与狗抢食吃而被当地农民用绳子拴了起来，这几只应该是那批狐狸中的幸存者。

狐狸这种以狡猾著称的动物怎么会变成这个样子？这几只狐狸在被人饲养的时候从来不用为饮食担忧，所以也就失去了野外生存的能力，变成了一群傻狐狸。

这不禁让我想到一个非常值得深思的问题：有些家长能力很强，为什么子女会变得能力低下了呢？

因为家长的能力太强了，什么事情都为子女包办，有的是不舍得让孩子干，有的是嫌孩子做得慢、做不好。孩子得不到锻炼的机会，能力越来越差，久而久之，就变成了傻狐狸一样的"傻孩子"。这难道不是家长的过失吗？

最近的一项研究表明，经常做家务的孩子，长大后更容易成功。

一项由媒体披露的各国小学生每天家务劳动时间表明：美国小学生每天的家务劳动时间为 1.2 小时；韩国小学生是 0.7 小时；英国与法国小学生是 0.5 ~ 0.6 小时；而中国小学生却不足0.2 小时，城市里小学生的家务时间更是少之又少。这难道不值得我们家长深思吗？

为了让孩子更加聪明，也为了让孩子的能力越来越强，从现在开始，广大家长要鼓励孩子多做力所能及的事情。

聚光镜可以把纸点燃

曾经当过高一年级的班主任，当时我拿到班里学生的中考成绩一看，无论班级前 20 名还是前 40 名，英语单科平均分都比平行班低了一大截。我对班内学生做了一次问卷调查。调查显示：同学们都想把英语成绩提上去，但又普遍认为英语太难学了，存在严重的信心不足问题。

为了消除他们心理上的疑虑，夏日的中午我在班里做了一个小试验。我首先把一张纸放在阳光下暴晒，让他们观察反应。过了 10 多分钟，没看到有什么明显的变化。接着，我拿出一个凸透镜，把阳光聚焦在纸上，不一会儿，纸就燃烧起来。

我趁机给他们鼓劲："我们可以把我们面临的困难当成这张纸。我们学习的精力就像阳光。如果我们精力不够集中，我们面临的困难就不会发生任何改变。但如果集中精力，想尽一切办法去努力，还有什么困难不能克服呢？"

从那以后，同学们的学习热情明显提高了很多。很多同学充分利用零星时间补习自己英语学习中的知识盲点。经过一学期持续不断的努力，这个班级同学的英语成绩普遍有了很大提高。

是呀，无论是学习还是生活、工作，我们都不可避免地会遇到各种各样的困难，但只要我们运用智慧、集中精力，所有的困难都能克服！

春兰为什么没有开花

几年前的一个春节，一位朋友送我一盆盛开的春兰，花儿开得娇艳，还不时散发出阵阵幽香，给节日平添了几分喜庆的气氛，十分惹人喜爱。

但在以后的几年里，尽管我非常用心地照料它，它的长势也还可以，但连续几年都没有再开花。有几次虽然长出了花苞，可让我失望的是，最后都蔫掉了。我对它再开花这件事已经绝望了。

一个偶然的机会，与一位花友谈起此事。他若有所思地问我："你让它春化了吗？""春化？"我根本不知道是什么。

那位花友向我解释道："一般情况下，春兰在出现花芽以后，要有十几天的时间处在接近零度甚至更低气温的环境中，然后才可以开花。否则它的花苞是开不了花的。"听完花友的话，我恍然大悟。

等春兰再次出现花蕾之后，我不再把它放在温暖的室内，而是把它放在了寒冷的室外。过了十多天，才把它搬到室内，进行常规管理。果然如朋友所说，春节时，它又开出久违的让人心动的花朵。

这件事让我联想到，无论做任何事情，我们都要遵循它内在的规律，只有这样才能达到事半功倍的效果。

研究表明，人与人之间的智力差别是很小的，极其聪明与智力非常低下的人占比都很小。可是为什么不同人之间的学习效果、工作成绩、人生成就差别那么大呢？只不过是因为那些学习好的学生、工作或生活中的成功者，他们的学习方法、学习习惯、工作方式更符合科学的方法罢了。

假如你的学习态度与努力程度都没问题，学习成绩依然不太理想，你就要反思一下，你的学习方法是否科学合理、是否适合你。

两个儿子不同命运的启示

美国有这么一个家庭，父亲酗酒、赌博，最后因犯罪而锒铛入狱。他有两个儿子。大儿子和他几乎一样，酗酒、赌博，最后也因犯罪而入狱；而他的小儿子非常争气，在学校里品学兼优，毕业后成功地当上一个部门经理，在事业上打开一片新的天地，过着幸福美满的生活。

这一奇怪的现象引起了有关研究者的关注。记者首先采访了老大。当问起所处的家庭环境与自己所处的现实状况时，老大无奈地说："处在这样的家庭中，有这样一个父亲，我还能怎么样呢？"出人意料的是，当记者采访老二时，对于同样的问题，老二几乎说了相同的话。

老大的话语中只透露出无奈与颓废的情绪，而老二的话语却在无奈中透出一种在逆境中奋发向上的精神。

处于相同的环境，因为所持的观点与态度不同，会产生两种截然不同的结果，可见我们对事物所持的观点与态度是何等重要。

在学习与生活中，不要再怨天尤人了，多从自身找找学习受挫、事情不顺的原因吧！相信你一定会做得越来越好！

越是接近胜利，越要小心谨慎

一项调查发现，二战中飞机出事最多的时候不是在执行任务的过程中，而是在成功完成任务后返回降落的过程中。这项发现与我们的惯常认知相悖，让人吃惊。

其实细想一下，这也很符合人的心理。在执行任务的过程中，一方面要完成既定的任务，另一方面要应对敌人的攻击，还要想尽一切办法应对变化多端的天气因素。所以，飞行员会聚精会神、全力以赴，激发出自身所有的潜能。

当任务完成以后，没有任务的重压，没有敌人的袭击，眼前就是熟悉的家园，脑海中一定会浮现出亲人们的笑脸，身心处于放松状态，因此容易因放松警惕而出现意外事故。

这些血的教训告诉我们，越是看到胜利的曙光，越要小心谨慎。下围棋的朋友都知道，在围棋的最后关头会出现"一着不慎，全盘皆输"的场面。谚语"行百里者半九十"也表达了同样的意思。

这不禁让我想起有很多在高中一直学习非常不错的学生，有的甚至到高三一模、二模都表现得很不错，但最后的高考却一塌糊涂。其失误是否与他们因看到成功的曙光而松懈下来有关呢?

所以教高三毕业班的有经验的老师，在高考最后的十几天里，不会完全放手让学生自己看错题本、静悟材料，而是每天让他们做一些实战题。这样做，一方面是让考生在看到试题时不至于手生，另外也可以让考生保持一种适度紧张的状态。

越是接近胜利，越是要小心谨慎、稳扎稳打、步步为营。关键时候沉得住气，不仅是一种素养，更是一种智慧。待到真正成功时，我们的心情才是最舒畅的，我们的笑容也必定是最美丽的。

教师子女并不像想象中那么幸福 🍃

不少教师子女"青出于蓝而胜于蓝"，成绩优异，全面发展，成为令人羡慕的"别人家的孩子"。很多同龄的孩子会认为教师子女享有很多特权，如他们在课间可以去爸爸或妈妈的办公室喝水，很多老师都认识他们，他们会成为教师关注的重点，好像上课时授课教师提问他们的次数都比别的孩子多。所以教师子女有意或无意间就会成为别的同学羡慕、嫉妒的对象。

但近几年，一些教师子女出现心理健康问题且这一比例高于普通家庭孩子的报道不时见诸报端，引发了很多人的关注。

为什么一些教师子女会出现心理健康问题呢？我认为主要有以下几种原因：

1. 身为教师的家长对子女的期望普遍偏高

很多身为教师的家长对自己的孩子有较高的期望与要求。因为他们见过太多优秀的孩子，难免会对自己的孩子提更高的甚至是不切实际的要求。

有些教师家长总是把自己的孩子与那些非常优秀的学生作比较，即使自己的孩子在别人眼中已经很优秀了，但依然不认可他们，天长日久就会导致孩子心理压力过大，甚至出现严重的逆反行为。更有甚者，会出现不同程度的心理疾病，甚至出现极端事件。

教师家长对自己的孩子要求严、标准高，有时候也许是虚荣心作祟。他们感觉如果自己的孩子表现不好会很没面子，而且连自己的孩子都教育不好，他们在教育别的孩子的时候好像就少了说服力。

另外，身边其他人也会用高标准来要求教师子女，如任课教师、学生家长，甚至是孩子的同学等。如果教师子女成绩不好，或是犯了错误，或是与别的同学发生争执，总会遭到"你爸爸（或妈妈）还是老师呢"的质疑。这无形中增加了孩子的心理压力。

2. 很多身为教师的家长难以进行角色转换

有些教师权威管教、控制的角色固化，习惯性地将教师角色引入家庭教育，造成权威专制的家庭教养方式。这种家庭的子女普遍比别家的孩子承受更大的心理压力。孩子在学校里的一举一动都逃不开父母的眼睛，回到家里更不用说，基本没有脱离父母视线的条件和机会。这种无形的管控会给孩子带来较大的心理压力。

在家里，孩子需要的是一个温馨、和谐、宽松的环境。一直生活在高压下的孩子，要么会表现得很懦弱，要么会表现得很逆反。

3. 部分教师自身存在一定程度的心理健康问题

父母不健康的心理状态，可能通过言谈举止不同程度地影响子女的健康成长。有关调查统计显示，教师职业心理健康状况呈逐年下降趋势，主要心理问题是抑郁和焦虑。

还有很多担任班主任工作的教师，白天在单位忙碌，精力几乎被班里的孩子们耗尽，回到家中就懒于教育、辅导或陪伴自己的孩子，甚至动不动就对自家孩子发脾气，使他们经常处于压抑、焦虑之中。

4. 身为教师子女，最苦恼的是不得不面对同学们的误解

确实有些身为教师的家长，本来自己的孩子并不是特别出色，但为了让孩子得到更多的锻炼，或为了满足自己的虚荣心，总是时时处处为孩子争取各种表现的机会和荣誉，所以会在家长群体甚至本校教师、同学中产生不好的影响。

有些教师的孩子，平时的表现的确很优秀，所以老师也很赏识，常常推荐这些孩子担任大队干部、代表班级发言、接受采访……孩子会为此耗费不少时间和精力。有时候有的同学以及他们的家长对这些教师子女的表现并不服气，认为他们的特殊身份给他们带来了更多的特殊关照。这无疑会给这些教师的孩子带来很多苦恼。

怎样才能为教师子女创造一个良好、宽松、公正的学习环境呢?

现在，一些中小学、幼儿园已开始提倡老师把孩子送到父母工作之外的学校读书，这也是为了避免教育中可能出现的不公平现象，防止本校教师子女产生"傲娇"的情绪。

毕竟家长不能一直陪伴在孩子身边，等孩子升入更高一级的学校，家长教师身份带来的光环尽失，没有了父母的庇佑，教师子女在社交和学习方面往往会遇到更多障碍，甚至会造成心理疾患。

身为教师家长，教育孩子时要怀有一颗平常心，要意识到教育不是万能的，学会多维度地评价孩子。尊重生命的差异性和独特性，在顺其自然中智慧引导，才是教育能做和应该做的事情。

身为教师家长，应尽可能地在家庭教育中弱化自己的职业和身份，多抽时间陪伴子女，走进孩子的内心世界，回归父母教育的本源。

身为教师家长，一定要在各方面为孩子做好榜样，学会调整自己的情绪，做自己良好情绪的主人，每天以乐观、积极、向上的态度面对工作、生活中的一切。即使孩子出现了不良情绪，也要用自己积极的态度、智慧的方法帮助孩子化解，引导孩子从学习、生活中获得快乐。

也希望其他的家长、同学，能公平、公正地对待身边的教师子女。当他们犯了错误时，能对他们有所包容，毕竟他们也是一般的孩子；当他们取得好成绩时，能给他们送去真诚的赞美与祝福，因为他们也付出了辛勤的汗水。

要不要对孩子进行物质奖励

要不要对学习进步的孩子进行物质奖励呢？有很多家长对此很纠结。

我的建议是最好不要进行物质奖励。因为当孩子学习取得进步时自己已经很高兴了，物质奖励倒显得画蛇添足。但可以对他们进行精神鼓励，希望他们下次取得更好的成绩。

如果每次考试考得好都进行物质奖励，会让他们感到努力学习是为了得到物质奖励，反而会削弱其真正的学习动机。

学习原本是孩子自己的事情，可是父母的物质奖励会让孩子误解学习的目的，甚至会让他们误以为是为父母学的。当父母不再满足孩子的要求时，他们就会对此不满，不愿再去做本是自己该做的事。

儿童心理学家也指出，物质奖励会削弱孩子的内在动机，把"孩子自己渴望变得更美好"的内在动机变成了"我为了得到奖励才去做"的外在动机。

其实，把一件事情做好获得的快乐和成就感就是最好的奖赏。不过，有时候为了调动孩子学习的积极性，可以偶尔进行适当的物质奖励，关键在于我们怎样运用。物质奖励用好了也是一种不错的方法，运用不好一定会产生副作用。

外部给予的一些奖励、交换等都属于外驱力，也能推动孩子去做某件事情，但孩子的行为容易随着这些因素的改变而改变，具有不确定性。一定要杜绝对物质奖励的过分强调，因为这会暗示孩子这件事是一件苦差事，从而降低孩子"我要为自己努力"的内驱力。

有没有更好的方法？那就是培养孩子的内驱力。有了内驱力，无论有没有奖励，一个人都能以高度的热情和积极性投入自己想做的事情中，且不会轻言放弃。

外驱力和内驱力是一种此消彼长的关系。外驱力越强，内驱力越弱；内驱力越强，外驱力就越弱。让孩子体会到"成就感"是每位家长都要做的事情。

当孩子考试成绩不理想时，不要进行惩罚，因为每个孩子都想取得好的成绩，成为别人羡慕的对象。他考得不好，已经够难过了，再进行惩罚，会让孩子一蹶不振。这时候，孩子更需要教师、家长的关怀与鼓励。

要学习程咬金的三斧头

《隋唐演义》中有一员猛将，名叫程咬金。他只会三招，但是有无数大将死于他的斧头之下，原因何在？只因为他把那三招熟记于心，用得得心应手、出神入化。

这让我想到了英语学习。很多老师与学生在英语教与学的过程中往往贪多、图全。比如：老师在高中英语教学中教到某个单词，恨不得把这个单词的所有用法都教完；学到某一语法，恨不得让学生把与它相关的知识都学会。这样看起来很不错，但效果并不好。

首先，初高中学生并不是英语专业的，很多知识根本用不上。其次，在初高中阶段，学生的学习时间很紧张，除了学习英语，每天还有很多别的功课要学习，不可能把大部分时间都用在英语学习上。

其次，并不是老师教多少学生就能掌握多少。有时候学生因为要掌握的知识过多，分不清重点在哪里，最后往往连基本的都学不好。更有甚者，因为所学过多或过难，很多学生会对学习产生恐惧心理，甚至产生厌学情绪。

所以，在教与学的过程中要把握一个原则：基本东西练熟，重点知识把握，其余相关知识了解。适合的才是最好的，并不是越多越好。

"我为什么比别人学得慢"

在高中英语教学中，经常会遇到一些英语弱科生。与他们谈心时，他们会找出一个相似的原因："我根本不是学英语的料。你看班内的某某，他每天学英语的时间只有我的一半，但我的成绩总也赶不上他。"

乍一听，他们的分析很有道理。其实，他们动不动就说自己不适合学英语，这只是他们不想努力学习的借口而已。别人学东西比自己快，是由很多因素造成的。

比如说，别人已有很好的学习基础，再学起新知识来可以做到举一反三、融会贯通。如学一个新单词 international，如果他原来已掌握了 nation（国家）这个单词，又知道 inter 为前缀，意思是"在……之间、……际、互相"，还知道 al 为后缀，是形容词的标志。他看一眼立马就能记住这个单词，而且能掌握词义即"国际的"。而对一个英语基础不好，对以上前缀、后缀等知识一无所知的学生来说，要记住 international 一词一定会用很多时间与精力。

另外，学习好的学生，大多已经找到一套适合自己的学习方法，学习效率相对来说比较高。

　　所以，一个成绩不太好的学生要想赶上本来学习基础就好的学生，就要付出更多的时间、精力才行，而不是动不动就质疑自己的学习能力。

攻读博士是人生的一次修行

前段时间浙江大学孟伟博士送外卖事件广受关注。孟伟既是我们山东老乡，又是儿子的校友，所以格外牵动我的神经。

孟伟是浙江大学竺可桢学院本科毕业生、浙江大学控制学院博士生，有着辉煌灿烂的过往。光凭他在山东参加高考，并考取浙大，就足以证明他绝对是传说中的"别人家的孩子"。

再说他在浙大也拥有耀眼的履历——求是学院研究生兼职辅导员、G20峰会优秀志愿者、浙江大学"十佳研究生党支部书记"、浙江大学优秀党员、浙江大学"十佳大学生"。

即便是这么厉害的一个学霸，读博 8 年，愣是没有拿到博士毕业证书。博士延期毕业如今已成常态化趋势。在这种背景下，好似不延期毕业都不好意思说自己读了个博士。

博士毕业真的那么难吗？根据相关数据显示，目前国内所有院校的博士在读生，延期毕业率高达 64%，也就是说，超过六成的博士研究生无法如期毕业。

博士毕业这么难，毕业后的就业情况如何呢？ 2022 年，北京某区公布了"考公"拟录取名单，短时间内引发网友热议。其中热度最高的莫过于一位北大的女博士，她竟然报考了街道办城管岗位，让不少家长与大学生感到困惑与迷茫。通常来说，即便是普通的博士生，从事城管工作，也属于大材小用，更何况是北大的博士生。

博士毕业非常难，但顺利毕业了，所从事的工作也并不是"高端大气上档次"的。那么，博士还有必要读吗？我以为，如果各方面允许，博士还是要读的。读取博士学位能让我们的能力提升，带给我们好的发展方向和工作机会。

读取博士的另一个优势是能够进一步拓展眼界，提高自身综合能力，积累学习经验和生活阅历，结识人脉。

很多博士进入高校或科研院所，有的在35岁之前就成了教授、博导。这些是不念博士的人，在社会上工作十几年甚至一辈子都难以达到的。

那么，什么样的人适合读博士呢？分析许多博士的经历可以发现，成功的博士毕业者是有很多共性的。

首先，有科研追求、科研热情的人适合读博。就像唐僧取经一样，只要有执着的信念，就会不畏艰险，踏破坎坷成大道。

其次，要有好的心态。读博的人一定不要有太强的功利心，要有豁达的心态。并不是所有博士都会有了不起的成果，也不是所有博士都可以在高校任教，更不一定意味着高收入。相反，在你读博的几年中，很可能你的本科、硕士同学已成家立业，成就颇丰。

读博的人要内心强大、独立、自信，有清晰的目标定位。读博士要做好吃苦准备，学会高度自律，缺少自律精神将一事无成。

最后，最好家境好一些，没有什么经济压力。这样，读博期间就能够心无旁骛地做研究，也容易出成果。当然，这是外因，而外因终究要通过内因起作用。

孟伟及很多读博的同学未能按时毕业的原因，与他们花在横向项目上的时间过多有关系。有些人是被导师所迫，还有些人就是为了做项目挣钱，因此荒废了学业。

读博士是人生的一次修行，是人生的一次绝佳历练。青春就是用来拼搏的，这样的人生才会有靓丽的色彩！

终身学习是父母必备的品格

很多父母在羡慕"别人家的孩子"的时候，其实潜意识之中也在羡慕为什么"别人"能把孩子教育得这么好。

自己究竟比"别人"差在哪里？为什么把握不好教育时机、不能找到适合的教育手段来引导孩子呢？教育智慧用时方恨少。怎样才能提升自己的家庭教育水平呢？

家长必须具有很强的责任心。孩子不仅仅是自己的孩子，也是祖国的未来，教育好子女是父母应尽的责任。教育子女是一个长期的艰苦的过程，要用心对其进行指导、帮助、训练，并适时反思，发现教育上的失误要及时纠正和补充。在教育孩子的过程中，家长有时会产生挫败感，但只要能认识到教育好孩子是自己的责任和使命，就会有愈挫愈勇的意志。

家长要善解人意、开明大度，允许孩子犯错误。孩子都是在犯错误的过程中成长起来的，犯错误是积累走向成功必备经验的有效手段。如果家长替孩子解决掉所有的困难，其实也就剥夺了孩子成长的机会。这就是有些能力很强的父母所培养的孩子能力较差的原因所在。因为父母嫌孩子做得不好，事事不让孩子插手。如此一来，孩子根本没有机会锻炼。

家长要学会多维度评判孩子，不要以孩子的成绩作为评判孩子的唯一标准。要多看孩子身上的闪光点，多正向鼓励、引导孩子，鼓励孩子成为对国家、对社会有用的人。孩子学习成绩可以不优秀，但不能不努力；可以不考名牌大学，但不能不成才。对于孩子好的表现，特别是取得好的学习成绩，不要以物质奖励为主，而要以精神鼓励为主。

为避免与孩子交流时被孩子说"你懂啥""给你说你也不会懂"，父母必须与时俱进，成为终身学习者。终身学习，才能拥有与孩子进行良好沟通、交流的能力和资本，才能在孩子困惑、迷茫的时候为其指引前进的方向。

为此，父母要拿起书本，主动地做一个爱读书的人。读书可以帮助我们拓宽视野、积累经验，把别人的教育智慧应用于自己的家庭教育当中，有效提高自己的家庭教育水平。

家长还要提升家校沟通能力。平时要加强与班主任老师、任课老师的联系，认真听取他们的建议。这些老师都受过良好的专业训练，有专业的教育理论知识作为支撑，而且他们一般比较了解孩子身上的优点或缺点。虚心听取他们的建议，家长的教育能力就会有较大的提升。

另外，可以不断地向别的家长或专家学习，互相交流经验。有很多家长的教育经验虽然看起来很朴素，但效果却很好。经常与他人交流，汲取他人的教育智慧，与自己的教育实际情况相结合，慢慢地就会形成自己的教育智慧，就能随时化解教育过程中所遇到的各种难题。

最后，家长要在反思中成长。经常反思自己的教育行为，梳理出成功的经验，或从失败的行为中总结出教训。

教育智慧不是一朝一夕形成的，需要家长在教育实践中主动学习、积累经验，不断调整和完善家庭教育方式。

只有不断地充实自己，提高自身的综合素质，才能在面对特殊教育情境时，激发起瞬间的直觉反应或顿悟，临危不乱，找出最佳的处理问题的方法，达到最佳的教育效果。

把孩子培养成一个大善之人

善良，是一种人格品质。责任意识、感恩之心、格局意识、情绪自控，这些都属于"善良"的品质。

好的品质能指引孩子以恰当的方式去做人、处事，更好地服务社会、帮助他人，继而实现自己的人生价值，让幸福可期。

要成为一个善良的人，什么时候都不晚。不过，可别指望孩子"自动"长成那样。和其他能力的发展一样，孩子也需要通过培养才能学会关爱他人，对关心自己的人表示感激。懂得感恩的孩子，常常也是一个乐于助人、慷慨大方、富有同情心和宽容心的人。同样，他们也往往更快乐更健康。

孩子总是在观察和模仿成人行为的过程中形成自己的价值观，尤其喜欢把他们尊重或亲近的人（比如父母）作为学习样板。所以，要培养一个善良的孩子，我们自己就要先成为有责任、有担当、乐于助人的父母，为孩子树立好的榜样。

在平时的生活中，我们要教导孩子真诚、友善地对待生活中遇到的每个人，鼓励孩子关心弱势群体，为他人做些力所能及的事情。

父母可以把对孩子世界观、人生观、价值观的培养渗透到生活的点点滴滴之中。如父母可以和孩子分享一些身边人的善举，让孩子知道正确的价值取向；可以与孩子聊聊在电视上、书籍里、生活中见过或听过的各种善行义举，帮助孩子建立善恶美丑的评判标准。

父母要教育孩子做大善之人，不要满足于为身边的人提供力所能及的帮助，而要树立长大后为人类的进步、更多人的幸福做出贡献的远大志向。

我是这样引导孩子的：我的母亲是村里公认的具有善心的老太太。无论哪个乡亲家有困难，她都会尽最大努力施以援手。她只是一个普通的农村老太太，尽管她非常热心，可限于能力与经济实力，她帮助别人的也只是些小事而已。

我也是一个非常乐于助人的人。作为一名教师，我尽可能地关心班内每一个孩子的发展。每个孩子都是家里的希望，只有孩子在学校里有了好的发展，才能为将来更美好的工作和生活打下基础。

我真诚、热心地对待身边每一位同事、朋友。当他们教育孩子遇到问题或困难时，我总是毫不犹豫地向他们提供建议与帮助。我认为，一个人有能力帮助别人，才能体现他在社会中的价值。我很高兴看到身边的同事、亲戚、朋友都能过上更美好的生活。

和母亲相比，我能帮助更多的人、解决更多的问题，因为我的能力比母亲强了很多。但与那些大师、大家相比，我为他人所做的事、为社会所做的贡献就显得太微不足道了。

如我国著名的科学家袁隆平先生——中国杂交水稻事业的开创者和领导者，他几十年如一日地拼搏在科研岗位上，优化了水稻品种，大幅度提高了水稻产量，使世界上很多人免受饥饿。

再比如中国著名的药学家屠呦呦，她是首位获得诺贝尔医学奖的中国人。她发现了青蒿素——一种用于治疗疟疾的药物，挽救了全球特别是发展中国家数百万人的生命。

他们是大善之人，是每一个学生学习的榜样。

想成为对社会、对他人有用的人，只有一颗善良的心是远远不够的，还要有与之相匹配的能力才行。

家长要鼓励孩子趁着青春正好，努力学习，长大后能为他人、为社会、为人类做出更大的贡献，更好地发挥自身价值。

孩子教育也有保质期

最近，一个朋友的朋友找到我，向我询问教育孩子的方法，诉说自己在教育中的失败过往。

这位家长说，孩子在小学、初中时还可以，但中考时发挥失常，结果上了一所私立高中。高中毕业后勉勉强强考上了一所不太好的大学，大学阶段也是浑浑噩噩过来的。大学毕业后，在家长的鼓励下也尝试考研、考编制，但屡战屡败，一次入围面试的机会都没有获得过。

这两年孩子处于"躺平"状态，什么都不干，白天睡觉，晚上在家打游戏。也先后找了几份工作，但都不理想，很快就辞职或被辞退了。

现在这位家长也不敢有太多的奢求，像考编制、考研等等，只想让他找个工作，过正常人的生活。现在最可怕的是这个孩子很少与外人交流，整天待在家里不出门。

从家长的话语中可以推断出，这个孩子已经到了二十四五岁的年纪。我给家长分析了孩子"躺平"的原因——家长当时对孩子的期望值太高了，远远超出孩子的能力。因为在山东尤其是在济南、青岛，考研、考编制都是非常难的事，孩子考研、考编制多次受挫，受到的打击太大了，所以处在"躺平"的状态。

我给家长提出以下建议：

无论孩子现在发展得如何，现在用教育手段改变他的可能性很小了，因为教育不是万能的，他已经错过了受教育的最佳时期。作为一个成年人，外人很难去改变他的观点了。除非他能遇到他认为值得让自己改变的人、非常佩服的人，或恰逢某一个契机他思想上受到触动而突然开窍。

从家长的表述来看，若孩子有心理问题，如抑郁等，千万不要讳疾忌医，而应尽早请专业医生诊疗。如果不是很严重的心理问题，还要靠父母或与孩子感情好的亲友来劝导感化。

对有心理问题的孩子，不要对他提出太高的要求，先鼓励他走出家门，和同龄人正常交往。对于成年孩子，可以帮他找份略微轻松的工作，让他慢慢地从工作中获得成就感和乐趣，最主要的是让他在工作中学会与别人正常交往。

与这位家长反反复复交流了好几次，家长都认为孩子不用看医生，但尝试了很多方法，效果都不太理想。每次他打电话过来，我能做得最多的就是疏导家长的情绪。因为对这一年龄段的孩子，作为一名教育工作者，我也感到无能为力。

教育不是万能的。想要教育好孩子，抓住教育的最佳期才能达到事半功倍的效果。18 岁以上的孩子，他的世界观、价值观、人生观基本形成，可以说已经过了接受家庭教育的最佳时期。除非他自己想改变，否则教育效果会很不理想。

教育最佳期实际上就是学习最敏感、最容易成功的时期。心理学家研究发现：6岁前是母语学习的最佳年龄段，尤其是从0岁开始为最初启蒙期，如果在6岁前不给予语言刺激，幼儿将出现语言表达和理解的障碍。学龄前是数学能力、音乐能力发展的萌芽期。孩子的数学能力是从具体形象思维逐渐过渡到抽象逻辑思维的，数概念的形成是坡度式的。3岁左右应该以生活中真实的实物数量来引导孩子认识、了解数，并逐渐脱离实物，逐渐形成数概念。音乐能力主要是沉浸式欣赏，可让孩子接触多形式的音乐，而非让孩子机械地学习和练习。

作为家长与教师，要把握住教育的最佳期，因材施教；盲目地施教，会使孩子错失良机。比如说1.5～2岁是学习口语十分迅速的时期，假如七八岁以后再学就比较困难了，狼孩的故事就是最好的证明。

苏联教育家马卡连柯曾说，教育的基础主要在5岁以前奠定，它占整个教育过程的90%。当然在5岁以后，教育还要继续进行，但您精心培植的人才之花在5岁以前就已绽蕾。

父母对孩子的教育是有期限的。18岁之前，孩子的成长度过了人生三个最重要的时期：6年的婴幼儿时期，6年的少年时期，6年的青年初期。其间经历了最重要的学前教育和基础教育：幼儿教育、小学教育、初中教育、高中教育。

孩子婴幼儿时期，我们要保护孩子的安全，培养孩子的生活习惯与技能。父母随时随地的陪伴，是孩子安全健康成长的保障。

孩子少年时期，我们要督促孩子的学习，培养孩子的品德。我们要配合学校，教孩子读书、做事、做人。在这个时期，孩子的视野越来越开阔，老师传授的知识越来越多，老师在孩子心中的地位正一点点赶超父母。父母再也不是无所不知、无所不能的"神"，孩子对父母的依赖和崇拜慢慢减弱，取而代之的是老师，尤其是他们喜欢的老师。上学后，孩子的世界不再只局限在家，也不再只有自己和父母。他们的面前出现了一个五彩缤纷的世界，父母已经不再是他们成长舞台上的中心人物，更不是他们情感依恋的全部。

对于青年初期的孩子，我们要从心理方面给予指导，帮助他们建立自己的世界观、人生观、价值观。随着青春期孩子自我意识、性意识的强烈觉醒，随着学业压力、交往压力、自我认知压力的增多，孩子的各种心理问题也接踵而至，如胆怯、紧张、孤独、焦虑、迷茫、郁闷、自卑、封闭、暴躁、愤怒等。家长的权威受到了挑战，家长跟孩子越来越难以沟通了，甚至跟孩子成了最熟悉的陌生人、最亲密的敌人。

有时候我们发现，我们的教育能力已经到了山穷水尽的地步。更令我们不解的是，孩子曾经崇拜的老师，常常也无计可施。一个曾经那么可爱懂事的孩子，现在成了父母、老师眼中的问题孩子。

我们的孩子正面临着成长中必须解决的问题。这些问题最核心的内容可能不是学习好不好的问题，不是能不能考上好的高中和大学的问题，而是对自我的认知问题、对世界的认知问题、对未来的认知问题。

如果此时，我们的教育内容和教育能力还停留在婴幼儿时期保护孩子安全的层面，还停留在少年时期督促孩子学习的层面，我们就没有跟上孩子成长的步伐，我们就无法与孩子正常沟通，更别说能给孩子提供帮助或建议了。

这个时期，我们多么想成为一名心理医生、一名心灵成长的指导师。这样的角色及其相应的能力，并非来自爱的本能，更需要通过学习和培训才能获得；这样的角色和能力也并非只有现在才需要，它应该从抚育孩子的第一天起一直伴随孩子成长。

只有父母好好学习，孩子才能天天向上。18 年后，我们的孩子成长为怎样的青年，我们都只能无条件地接受，很难有从头再来的机会。

孩子受教育的有效期同时也是父母学习和成长的有效期。如果没有把握住这一点，我们不仅会失去学习和成长的机会，我们对孩子的教育也会面临失败风险和严峻挑战。

请利用好孩子受教育最佳期，请珍惜孩子受教育有效期，实现自己的成长，不断拓展自我、完善自我、提升自我。只有我们自己成长了，才能给孩子的成长以更积极、更正面、更有效的引领和影响。

家长要学会适当示弱

很多研究表明，强势的父母很难培养出能力非常强的孩子。

有些孩子的父母能力不是太强，孩子明白有很多事情无法依赖父母，只好依靠自己努力。在解决问题的过程中，不但锻炼了自己的能力，而且增强了自信心，面对新的问题、新的困难也毫不胆怯。

所以父母在教育孩子的过程中要适时示弱，向孩子明确表明这个事情爸爸妈妈做不了，并且不断鼓励孩子主动尝试，对孩子取得的每一分成就都要适时地鼓励、表扬。这样，孩子的能力就会越来越强，信心越来越足，越来越乐于尝试。

一定要告诉孩子，一代更比一代强，只要努力，前方的路一定会越走越宽，假以时日，一定会超过自己的父母。

适时地示弱并不是什么都不做。如果孩子遇到大的困难或问题，家长连像样的建议都提不出来，那么以后再遇到类似的困难，孩子就不会再跟你交流，你与孩子的关系自然也会越来越疏远。

所以，很多事情要放手让孩子去干，但当孩子真正遇到困难时，就要给孩子一些合理的建议。这就需要家长与孩子共同成长，成为孩子的良师益友。

理性处理班主任老师的告状

如果经常接到班主任老师打来的告状电话，不少家长会变得非常不耐烦，对于老师请求协助管理的要求也会变得非常敷衍。

很多家长认为，教育孩子是老师的天职，教育不好孩子就是老师无能，反反复复地向家长告状就是无能的表现。

作为一名班主任，如果反反复复地向家长告状，确实有点不太好，也能反映出这位班主任在班级管理方面的能力和水平有待提高。但作为家长，有没有更好的应对措施呢？

作为一名合格的家长，应该控制好自己的情绪。即使心中有一百个不耐烦，也要先对班主任老师表达谢意，给老师道一声"辛苦"。班里有四五十个学生，老师能在百忙之中打电话，说明班主任老师对你家孩子非常关心，也非常负责。

对于班主任提出的要求，一定要表明态度，尽力配合。要学会换位思考，班主任每天工作量非常大，确实很不容易。只有体谅班主任的苦衷，对其工作付出表示真诚的感谢，家长和班主任的关系才会步入良性循环的轨道，班主任才会继续关注孩子的成长，孩子才能更好地发展。

当孩子受到批评回家后，不要因为班主任反映了孩子在学校不好的表现而批评孩子。应首先对孩子说:"今天非常高兴,接到班主任的电话,他表扬了你在学校里的突出表现,要继续努力哦。"接着可以对孩子说:"老师也反映了你表现有所欠缺的地方,比如……你认为老师说的对不对呀?"给孩子一次表达自己观点的机会,并引导孩子对自己的行为进行反思。最后家长可以这样对孩子说:"发生在学校的这件事,如果换一种方法来处理,是不是更好?"继续引导孩子反思自己的行为。

这样,一方面维护了老师在孩子心中的形象,即老师一直关心你;另一方面,教育孩子对所做的事情进行反思,引导孩子多听取别人的意见。如此一来,孩子的思想会越来越成熟,分析问题、解决问题的能力也会逐步提升,同时,亲子关系也会在沟通交流中更加融洽。

第二部分

成功家教有智慧

如何赞美孩子

杜威曾说过："人类本质里最深远的驱策力，就是希望具有重要性，希望被赞美。"每个人都希望被别人赞美，孩子更是如此。心理学研究表明，适当的鼓励和赞扬对塑造孩子行为、培养孩子良好品德具有举足轻重的作用。

鼓励和赞美的教育方式很好，但如何赞美是相当关键的。日本著名教育家铃木镇一曾经说过："对孩子的鼓励和赞美不是无原则的，而应该是运用科学的、适当的方法，使孩子切实受到深入人心的鼓舞。"所以，父母应该运用科学的、适当的方法鼓励孩子。错误的赞美会让孩子自以为是、骄傲自大、目中无人，这是大部分家长不愿意看到的。

赞美孩子最好遵循以下几个原则：

1. 多赞美孩子的行为和品行，少赞美孩子的天分

赞美、鼓励的目的是让孩子变得越来越好，让孩子改变那些可以改变的东西。人的天分是无法改变的，所以平时不要夸奖孩子聪明、漂亮，夸孩子勤奋、自律远比说孩子聪明更有效果。

经常用言语夸赞孩子聪明，有时会产生一些让人不愿看到的后果。比如，有些孩子会沾沾自喜、骄傲自满，有些孩子会认为自己很聪明，所以就不那么努力了。

我们知道学历越高越需要付出艰苦的努力，只单纯靠小聪明是不行的。有的孩子自认为很聪明，不那么努力，所以功课就不如别的孩子好，于是自信心就会受到打击，开始自我怀疑。还有些孩子不敢尝试困难的问题，是因为害怕失败破坏了他们聪明的光环。

2. 除了语言，其实还有更好的赞美方式

除了保持基本的语言交流之外，还可以抚摸孩子的头或者肩膀，让他感受到父母此刻是极其用心地在夸他。

有时候一个真诚的微笑、一个充满赞许的眼神远比敷衍的言语对孩子的鼓励要更有效，有时候孩子的直觉要比大人想象的厉害很多。

3. 多用一些赞美技巧，赞美的效果会更好

确切地说，就是赞美时所用的词语多一些、丰富一些、具体一些，让孩子知道自己究竟哪里表现得好，从而知道接下来的努力方向。有些家长的赞美太过笼统，一句"你很棒"或者"表现得不错"就完了。这样的赞美真的有意义吗？孩子可能会觉得父母这样的夸奖太过单一，甚至没有任何诚意，完全是在敷衍。若是长时间不改变赞美的策略，孩子的内心就会觉得疲劳，对于受到的夸奖也就不再上心了。

4. 赞美孩子时态度要诚恳

赞美孩子，就要拿出最真诚的态度以及最动听的语言。因为我们对孩子进行表扬，就是要让孩子享受并且见证他们的努力和成功。

　　有些家长虽然口头表扬了，但他们习惯自顾自地说，没有面对孩子，更别提直视孩子了。这样表扬的效果是要大打折扣的，因为孩子根本感受不到家长的真诚。

家庭教育"八不要"

1. 不要在孩子面前争吵

夫妻在教育理念方面有分歧是很正常的。当一方教育孩子时，另一方即使不赞同，也不要当着孩子的面表达自己不同的观点，更不要发生争吵。

当着孩子的面争吵，既破坏家庭欢乐、和谐的氛围，又会让孩子无所适从，削弱教育效果，还会影响孩子正常的心理发育。

2. 不要过分纵容孩子

孩子犯了错误，家长必须及时提醒、纠正，不能视而不见，不能掩饰、纵容。

没有不心疼孩子的父母，但过于宠溺孩子，会助长他们的劣根性。近年来出现了很多"坑爹"的孩子，这些孩子之所以成为现在的样子，与从小父母对他们的溺爱是分不开的。

很多家长听从了专家的观点，认为好孩子都是表扬出来的。这句话本身没什么错误，但言过其实的表扬就是溺爱的一种表现。

听着父母赞扬长大的孩子，在工作中往往只会听取赞同的话，而听不进反对的意见。他们走上社会后，会因为沟通交流的问题而难以融入社会；当他们面对困难、挫折时往往一蹶不振，因为他们缺少面对困难与挫折的勇气，缺少解决问题的能力。

3. 不要冷漠、麻木地对待孩子

斯宾塞认为，冷漠地对待孩子比打骂孩子更加恐怖。在冷漠的环境中成长的孩子很容易产生心理异常、心理变态的情况。

孩子既希望得到父母的表扬，也愿意忍受父母的批评，而最不希望自己被父母忽视。冷漠，对孩子来说是极具杀伤力的行为，冷漠留给孩子的心理阴影很难消除。

4. 不要伤害孩子的自尊心

每一个孩子的心灵世界，是要靠自尊来支撑的。有些家长，甚至有的老师认为，那么小的孩子哪有那么多自尊心？大家都反思一下，在班级里学习差的孩子、调皮捣蛋的孩子，他们之所以成为这样，难道与他们从小自尊心的缺少没有关系吗？

每个人都有自尊，包括尚未成年的孩子。未成年的孩子因为年龄小、阅历少，往往更为在意别人的话语，尤其是父母的评价。父母无意间说出的许多话，都可能潜入孩子意识当中，在孩子的成长过程和成年生活中不断地支配他们的行为。

孩子的自尊心像幼苗一样柔弱，一旦受到伤害，会留下难以愈合的伤痕，甚至会影响其一生。

有很多教育专家强调，低年级的孩子最重要的培养工作就是培养孩子的行为习惯。这好像没什么错误，但我认为这并不是最主要的。我认为，对于小孩子，家长所能做到的最重要的工作就是培养其自尊心、自信心与上进心，进而激发其学习内驱力。要告诉孩子，只有努力，才能让自己越来越好，才能得到别人的尊重，才能从学习当中得到欢乐、获得成就感。

即使孩子开始的时候学习并不怎么好，但只要自尊、自爱，有上进心，能够从学习中得到欢乐、获得成就感，那么他的成绩绝对会逐步好起来的。

有些家长在生活中往往漠视孩子的进步或好的想法，这往往无意间伤害到孩子的自尊心。

当孩子放学回来很兴奋地告诉家长自己被选为班级劳动委员时，有些家长会毫不犹豫地说："不就是一个干活的吗？有什么了不起？！"说得很随意，但已经深深地伤害到孩子的自尊心。就是这种不经意间的"瞧不起"，会让孩子产生失落感，有的孩子甚至会自我怀疑："连爸爸妈妈都不看好我，我是不是真的没有能力和资格？"

父母随口说出的话也许是玩笑话，或者，有的父母为了不让孩子骄傲而故意说出这些话，想挫一挫孩子的锐气。但孩子听到这些话会下意识地认为："父母并不关心我，父母认为我不重要。"时间久了，不但孩子的自尊心、自信心会受到影响，而且与父母的关系也会逐渐疏远。

5. 不要恐吓孩子，给孩子造成心理阴影

斯宾塞在《斯宾塞的快乐教育全书》中指出，教育的最终目的是让孩子成为一个快乐的人，为了达到这样的目的，教育的方法和手段也应该是快乐的。

孩子在快乐的状态下，学习任何知识都比较容易，学习效

率也特别高；相反，孩子在精神紧张、情绪低落的状态下，他的自信心就会减弱，学习新知识、新技能就会变得困难。

在现实的教育过程中，有很多家长为了让孩子乖一点，往往使用恐吓的方法来教育孩子。像我们小的时候，妈妈经常说："再不听话就把你丢出去喂狼。"现在想想还会做噩梦。现在当孩子不听话的时候，有的妈妈会很严厉地说："你再哭的话，我就让警察叔叔把你抓走！"也许妈妈是因为被孩子哭闹弄得手足无措，不得已才说这样的话，但这样的恐吓方式会让孩子误以为警察是"坏人"，而当孩子们以后真正遇到危险时，就会不敢向警察叔叔求助。这是多么可怕的后果！

除此之外，那些"再不听话就把你卖掉""再哭就把你送给收破烂的"之类的恐吓性语言，也是一些被"熊孩子"弄得焦头烂额的父母经常说的话。

威胁恐吓会加重孩子心理负担，时间久了，孩子甚至变得精神恍惚，出现焦虑情绪，变得越来越胆小、懦弱。

所以，经常恫吓孩子的家长，请立即停止伤害孩子心灵的行为。平时对孩子要多一点关爱，要注意调适孩子的情绪，培养孩子对学习的兴趣，让孩子变得快乐、自信、专注。

6. 不要打击孩子的好奇心

好奇心是孩子探索世界的原动力。爱因斯坦曾说过："我没有特别的天才，只有强烈的好奇心。永远保持好奇心的人是永远进步的人。"苏霍姆林斯基也曾说："在人的心灵深处，都有一种根深蒂固的需要，就是希望自己是一个发现者、探究者和成功者。在儿童的精神世界里，这种需要特别强烈。"

对于外面丰富多彩的世界，孩子们充满了好奇，非常渴望去探索，并且常常会有一些稀奇古怪的想法和举动。

有的父母总是抱怨孩子特别能"搞破坏"，常常把家里的东西弄坏了。其实，这就是孩子出于好奇心对事物进行探索的过程。父母应该正确地引导孩子，把孩子的好奇心朝好的方向引导，进而培养孩子的兴趣、爱好；同时也要让孩子明白有时候他的"好奇心"会带来什么不好的影响或后果。

家长应懂得孩子"搞破坏"所蕴含的积极因素，并因势利导，培养孩子爱思考、爱探索的好习惯。

7. 不要试图控制孩子

如果父母认为孩子必须按父母说的去做，那孩子的表现一般会两极分化，或者表现得很逆反，或者表现得很怯懦。孩子在接受命令时会感到不平衡，甚至心存怨恨。即便父母是站在正确的角度批评、教育孩子，孩子也会"口服心不服"，批评教育的效果只能是事倍功半。

复旦大学教授沈奕斐说："越厉害的父母，越要学会收拢翅膀，因为成人的厉害，会变成孩子发展的天花板。"父母太强势，替孩子包揽一切，势必会削弱孩子成长的动力和潜力。带着强烈控制欲的爱，不是真正的爱，而是深深的伤害。心理学家李雪曾说："父母控制欲的手伸向哪里，孩子一生都将在那里体会到痛苦。"

美国学者苏珊·福沃德在《情感勒索》中写道："情感勒

索者会利用恐惧感、责任感和罪恶感控制着你，双方一起被困在恶性循环当中。"而情感勒索恰好是很多父母控制孩子最有力的武器。

控制欲太强的父母，是为孩子做得最多也最为辛苦的父母；同时，他们也是最容易侵扰到孩子的自主性和创造性的父母。当父母把自己的欲望强加到孩子身上时，有的孩子逆来顺受，变得安静、懦弱，有的孩子会产生强烈的叛逆心理，甚至会做出离家出走的极端行为。父母以爱之名行控制之实的做法，不仅吃力不讨好，还会对孩子产生极大的伤害。

你希望孩子是什么样子，那么，你自己就要先成为那个样子。可惜，强势的父母常见，懂得示弱的父母罕有。示弱的本质，是一种教育的智慧，是一种化解冲突的技巧。其实，示弱并非软弱，也不是对孩子无底线地让步。

控制欲太强的父母，尤其需要懂得如何放手。唯有放手，才能培养出独立果敢的孩子。然而，几乎所有控制欲强的父母都有一种担心："如果我放手了，那不就成了放任不管了吗？孩子不就变坏了吗？"其实不然，放手并非意味着放任不管，父母还要随时给予孩子必要的建议、引导和支持，做孩子的良师益友。

教育是春风化雨，身教的作用百倍于言传。

8. 不要过度保护孩子

虽然近几年已经放开了"三孩"政策，但独生子女依然是社会的主流。独生子女的成长备受家庭成员的关注，尤其是爷爷、奶奶、姥爷、姥姥，对孩子更是宠溺有加。爱孩子、保护孩子，是所有动物的本能。但家长过度保护，不让孩子吃一点苦，根本不利于孩子的成长。孩子总要长大，总要一个人去面对外面的世界。

在家长羽翼的保护下长大的孩子，当他们独立面对社会时，将会变得无所适从。我们要让孩子从小生活在真实世界中，放手让他们去体验、尝试。

不可否认，虽然中国治安良好，但外面的世界还有很多危险的因素。如果孩子们没有很好的判断力和自我保护意识，很容易上当受骗，甚至受到侵害。孩子将来总是需要独自面对社会的。作为孩子的第一任老师，父母更应该教给孩子在社会上立足的能力和技巧。如果我们忽视了对孩子独立解决问题能力的培养，在孩子不需要帮助的时候予以帮助或代替包办，孩子就会失去锻炼的机会，长大后就会表现出懦弱的倾向，遇到问题时也往往束手无策。所以，要让孩子从小就有足够的机会体验到独立解决问题的成就感和乐趣。

只有放手，让孩子脱离父母支撑起的这片天空，他们才能见识更广阔的世界，才会有更广阔的视野、更大的格局。做一名明智的家长吧，学会放手，让孩子生活在真实的世界里，在锻炼中健康成长，在奋斗中体悟人生的精彩。

如何提升亲子沟通水平

有人的地方就会有矛盾。父母与子女之间出现矛盾、冲突是再正常不过的事情。出现矛盾、冲突之后，父母应该怎么做才能既化解矛盾、解决冲突，又能提升亲子关系呢？

1. 学会尊重孩子

不要因为孩子年龄小就不把孩子当回事，动不动就把"小屁孩懂什么"挂在嘴边。要知道孩子也有自尊心，也需要被尊重。

对孩子的尊重不但包括尊重孩子的人格，还包括尊重孩子的想法、行为和选择等。只有感觉受到了尊重，孩子才能积极主动化解与家长的对立情绪。

2. 平等地对待孩子

在居高临下的姿态下，很难有高效的沟通与交流。只有在平等的基础上，双方才能充分地表达自己的观点，求同存异，最终达成一致，孩子才不会心生怨恨，做起事来才能心甘情愿、全力以赴。

3. 学会站在孩子的角度看待问题

与孩子沟通要学会换位思考。如果从大人的角度看待孩子所面临的问题，那么几乎全都不是问题。这样一来，大人就不会理解孩子的困惑与迷茫，也就不会与孩子共情，无法真正地走进孩子的内心深处，与孩子的交流与沟通也就不可能产生好的效果。

4. 学会倾听孩子的抱怨

倾听孩子的抱怨，一方面可以让孩子的不良情绪得到释放，另一方面可以更好地了解孩子的困惑与迷茫，了解孩子内心真实的想法，从而有的放矢地提出合理化建议。这样，不但可以帮助孩子解决问题，还可以密切亲子关系，营造和谐的家庭氛围。

5. 不断学习育人与沟通技巧

不断学习，不断提升自我，才能拥有与孩子有效沟通、交流的实力与资本。

孩子小的时候，要学会用孩子的思维方式思考问题，用孩子的眼光看待问题，用孩子可以理解的方式与孩子交流。

随着孩子逐渐长大，他们的知识越来越多，视野越来越广阔，认知水平也越来越高。如果父母跟不上孩子的发展、进步，孩子还愿意与他们交流吗？父母提的建议对孩子来说还有指导价值吗？所以，不断提升自己的能力与水平，才是家长与孩子进行有效沟通的方法与底气。

培养孩子的求知欲和好奇心

俄国教育家乌申斯基说过："没有丝毫兴趣的强制性学习，将会扼杀学生探求真理的欲望。"要想培养孩子的学习兴趣，必须注意对其好奇心与求知欲的保护与培养。

毫不夸张地说，好奇心和求知欲是孩子主动学习的两大法宝。当孩子怀着强烈好奇心和求知欲去学习时，他获得的每一点知识都会给他带来快乐和满足。相反，如果孩子对学习丝毫不感兴趣，他就会觉得学业负担很重，进而产生畏难情绪和厌倦心理。

要保护与培养孩子的求知欲和好奇心，家长应做到以下几点：

1. 应该认识到好奇心和求知欲对孩子成长与发展的重要性

正确认识孩子的好奇心，知道孩子的好奇心是探索和学习的原动力。要告诉孩子：知识的探索是无止境的，一个人必须不断地学习；自然界还有许多不为人知的奥秘，等待人们去探索。

2. 应该在日常生活中保护孩子的好奇心和求知欲

面对孩子在好奇心驱使下的好问与好动，家长要有耐心，要尊重孩子，保护孩子的好奇心和求知欲。

3. 要有意识地诱发孩子的求知欲

要让孩子主动通过各种方式获取知识，有意识地引导孩子观察身边的人和事，思考生活中的各种现象。在做好安全工作的前提下，要放手让孩子去探索、去感知、去发现，让他们在实践中学会独立思考和解决问题。

4. 富有好奇心和求知欲，与孩子共同体验探索的快乐

家长要和孩子一起分析事物出现的原因，研究事物的结构、功能，引导孩子积极思考，这样既可满足了孩子的好奇心，又能让他在快乐的探索中获得学习的乐趣。

家长在孩子面前不要处处以权威者自居，而应像个童心未泯的大孩子，用自己的行动向孩子展示自己对周围事物的好奇心。

如果家长对周围事物毫无兴趣，甚至对孩子的好奇心不以为然，那么孩子好奇的天性就会在无形中受到压制。

5. 引导孩子学以致用，更好地激发孩子的好奇心与求知欲

学以致用，可以引导孩子思索所学知识与生活实践的联系。

孩子一旦意识到所学知识的实用性与价值，其学习兴趣就得以进一步增强，好奇心与求知欲也得以进一步激发。

对孩子要有适当的期望值

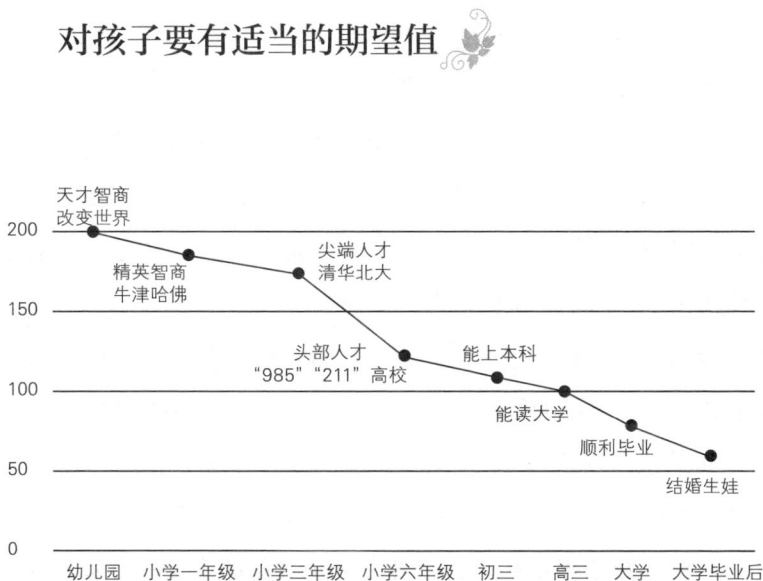

（图中标注）

天才智商
改变世界

精英智商
牛津哈佛

尖端人才
清华北大

头部人才
"985""211"高校

能上本科

能读大学

顺利毕业

结婚生娃

（纵轴）200 150 100 50 0

（横轴）幼儿园　小学一年级　小学三年级　小学六年级　初三　高三　大学　大学毕业后

中国当代父母对孩子前途的预估变化图[①]

这张中国当代父母对孩子前途的预估变化图看似是调侃，实则狠狠地戳到了子女教育的痛点。想想当年对孩子的期望，想想对孩子的付出，真的既心酸又心痛。

这种现象的出现，源于父母对子女前途不切实际的期盼。望子成龙、望女成凤是大多数中国父母心理的真实写照。很多父母由于家庭、时代、运气或自己本身的原因，在工作、生活

[①] 该图左列数字为父母对孩子智商的预估。

方面不尽如人意。为了让孩子免受自己吃过的苦，或者想让孩子完成自己未能实现的梦想，于是寄希望于孩子。他们认为只要提供一定的经济条件，就能让孩子赢在起跑线上，在同龄人中脱颖而出，过上自己梦想中的生活。

当孩子的表现达不到自己的期望时，有些家长就会非常失落，甚至会情绪失控；有些家长会不自觉地采用冷暴力的方式，对孩子态度冷漠。长此以往，就会给孩子带来极大的伤害。如果父母对孩子只是一味要求，并没有真正地了解他们，久而久之，相互之间的隔阂就会越来越深，有的孩子甚至会出现心理疾病，有的还会做出极不冷静、令人痛心的事情。

这个世界本来就是平凡人居多，出类拔萃的人一直都是凤毛麟角。孩子长大后，成为普通人的概率是最大的。所以，家长的期望要适合孩子的发展水平，要让孩子努力一下就能够得着。期望要全面，比如期望孩子成为一个善良的人、正直的人或善于和他人相处的人等，而不是单纯地用学习成绩这一单一标准来评价他。

即使孩子的表现达不到预期，家长依然要对孩子进行鼓励，对孩子充满信心与期待。想想那些大器晚成的例子吧，说不定自家的孩子就是下一个励志楷模呢！

教育孩子，要有静待花开的心境。并不是所有的花朵都在春天开放，也不是所有的植物都会开花。也许你的孩子不能开出一树繁花，但在你的精心培养下，相信他能成长为一棵让人仰望的伟岸的大树！

教育孩子应坚持的原则

1. 平等原则

孩子也是人，身为大人的我们要学会用平等的身份对待孩子。家长要在保持自己威严的同时，把孩子当作朋友，这样才能给孩子一个更好的成长环境。

心理学研究表明：孩子与父母平等地争辩，不仅是互爱的体现，而且能够帮助孩子树立信心，引导孩子明辨是非、丰富想象力和创造力。所以要把孩子放在与自己平等的地位来看待。做父母的态度平和一点，像朋友似的跟孩子相处与交流，孩子就会非常真诚地以朋友的态度来回报父母。

2. 尊重原则

再小的孩子，也有自尊心，也需要被尊重。家长尊重孩子，孩子才会尊重家长。孩子渐渐长大，自主意识逐渐增强，如果对孩子缺乏应有的尊重，就会导致亲子关系紧张。

尊重包括尊重对方的人格、想法、行为、选择等。亲子之间，只有以尊重为前提，才能进行有效的沟通。

3. 榜样原则

作为孩子第一个模仿的对象，家长一定要做好榜样。一个孩子的学习态度、道德品行，与父母的影响有直接的关系。父母爱学习，孩子也往往爱学习；父母爱劳动，孩子也往往爱劳动；父母乐于助人，孩子也往往乐于助人。这就是榜样的作用。

父母在日常生活中要时时处处严格要求自己，凡事起榜样作用。想要让孩子做到的，父母自己要先做到才行。

4. 鼓励原则

不少家长不懂得鼓励孩子，在孩子取得成绩的时候经常用随意的一两句话就带过了，孩子感受不到家长的赞扬与肯定。

教育方法要随孩子年龄的增长而不断改变。孩子在鼓励中更容易获得自信、勇气和上进心。在家庭生活中，家长应该多鼓励孩子。

研究表明，一个人在愉悦的心境中学习，无论是感觉、知觉，还是记忆和思维，都会处于活跃状态。家长要正面教育和引导孩子，要多表扬、多鼓励、多支持，这是保持和发展孩子学习兴趣的根本原则。

5. 交流原则

孩子的成长不仅仅有基本的生理需要，也有精神、情感的需要。和孩子进行沟通，是父母走进孩子内心世界的有效手段。

正确有效的亲子沟通，是建立良好的亲子关系、和谐的家庭氛围最重要的基础。家长通过与孩子交流，可以了解孩子的内心世界，帮助孩子分析所面临的问题并引导孩子寻找最佳的解决方案。

通过与孩子的交流，家长不仅可以启发孩子进行思索，而且可以渗透正确的世界观、人生观、价值观。

6. 统一原则

家庭教育要和学校相统一，否则孩子将无所适从。

在家庭教育中，夫妻也要互相配合、达成一致。孩子犯了错，当其中一方批评教育孩子时，另一方不要袒护，更不要在孩子面前指责对方。

如果夫妻之间对孩子的教育态度和要求不一致，孩子就会感到无所适从。这样不但会影响教育的效果，还会影响孩子是非观念的形成和心理健康，不利于孩子的全面发展。

7. 信任原则

《要相信孩子》是苏霍姆林斯基在帕夫雷什中学任校长期间的经验总结。全书自始至终突出了"要相信孩子"这一鲜明主题。

相信孩子是善良的、纯洁的、具有无限潜力的、具有闪光点的……无论家长还是老师，一定要相信每个孩子都可以教育好，每个孩子都有无限的可能。

假如个别孩子发展得不如我们期望的那么好，我们更需要用更多的耐心和爱心来培养他们，相信一定会找到更适合他们的教育方式。

无条件地相信孩子，发自内心地心疼孩子，把他们的不安、焦虑等情绪时时装在自己心里。只要我们坚持，孩子一定会成长得越来越好。

8. 宽容原则

人非圣贤，孰能无过？孩子在成长的过程中犯错是非常正常的，我们不能以一个成年人的标准来要求孩子。

退一步说，大人在工作、生活中也会犯错。当孩子犯错时，他本身已经感到羞愧不安了，家长更应该以宽容之心待他，引导他吸取教训。

其实宽容是一种无声的教育。家长应给孩子营造一个宽松的学习和成长环境，鼓励他们在学习上努力向上、在人格上健康成长，做一个具有正能量的合格的社会公民。

批评孩子应遵循的原则

批评教育也是一种必要的教育方法。适宜的批评能给孩子敲响警钟，让其警惕自己的不良行为，但批评不能过度。因为一旦过度，青春期的孩子就可能会强力抵抗，导致出现尴尬的局面，起不到积极的作用。批评孩子最好遵循以下原则：

1. 批评不能伤及孩子的自尊心及人格尊严

批评孩子一定要注意保护孩子的自尊心。孩子也是有自尊心的，孩子的尊严也需要呵护。

2. 批评要注意方式，要易于让孩子接受，而不要咄咄逼人

批评只是万不得已的手段，教育才是目的。咄咄逼人的教育方式只会引起孩子的反感与反抗。

3. 批评要遵循惩前毖后、治病救人的原则

是人都会犯错误，金无足赤，人无完人。面对一个犯了错误的孩子，首先应该考虑的是如何给予帮助，而不是让其受到惩处。要知道人都是在犯错、纠错的过程中成长起来的。对犯错误的孩子，家长要有针对性地批评他的错误，但目的不是惩罚他，而是促使其改正错误。

4. 批评要客观，对事不对人

批评时，只能针对具体事情，不能扩大化，不能针对个人的人格、品性，不能拿事来说人。对犯错的孩子，可以这样说："孩子，根据你平时的表现，你不至于犯这种错误，是什么原因造成的呢？"这样的批评有助于使孩子认识到你针对的不是他这个人，而是他做的这件事。

把批评指向一个人具体的行为，就无损于他的整个自我形象。这种批评建立在友好的气氛中，会使对方欣然接受。用这种方法，在指出他人错误的同时实际上也夸奖了他，使他得以重新树立自我形象，欣然接受批评，积极改正错误。

5. 批评要保持双方的地位平等，做到公平公正、以理服人

只有平等，才有交流。以平等的姿态对孩子进行批评教育，孩子才愿意把真实的想法与意图告诉你，你才能帮助孩子修正其不正确的思想、观念，进而达到理想的教育效果。

6. 批评他人时，不要翻旧账

总是翻过去的老账，唠叨个没完，对孩子的教育没有丝毫的帮助。批评别人时，宜"就事论事"，不要新账旧账一起算。

批评孩子时要注意的问题

1. 批评孩子之前家长要学会冷静下来

只有冷静下来，才能客观公正地做出评判，才能帮助孩子找到问题的原因与解决问题的最佳方法。

学会冷静，表明自己情绪把控能力强，这种处事不惊的态度对孩子的健康成长会产生潜移默化的影响。

2. 批评孩子时要给孩子申述的机会

批评孩子时，不要剥夺孩子的解释权。让孩子把自己做事的动机与犯错的过程都说出来，这样家长可以对孩子所犯的错误有一个全面的认识，做到既不冤枉孩子，还能让孩子心平气和地接受家长的批评和建议。

3. 批评的目的是教育，不要借此发泄自己的不良情绪

教育不是情绪发泄。大嗓门的吆喝、指责、谩骂不能解决任何问题，反而会使孩子感到你没有修养，也会让孩子感到自己不被尊重。

家长如果动不动就发脾气，孩子就会同样用发脾气的方式来解决问题。如果大人、孩子都发脾气，批评很有可能会升级为哭闹和打骂，教育的效果就约等于零。

4. 批评孩子时要注意时间与时机

在吃饭时、睡觉前不要批评孩子。吃饭时批评孩子会影响孩子的食欲，不利于孩子的健康；睡觉前批评孩子，会影响孩子的睡眠，不利于孩子的发育。

孩子有很强的自尊心，在公开场合尽量不要批评孩子，更不要当着孩子同学、朋友的面进行；否则，会让孩子感到很没面子，有时候会遭到孩子的反抗，甚至会让孩子对父母心怀不满，乃至心存怨恨。

美国教育家斯特娜夫人说："自尊心是一个人品德的基础。若失去了自尊心，一个人的品德就会瓦解。人之所以变成了醉汉、赌徒、乞丐和盗贼，都是失去了自尊心的结果。父母经常絮叨孩子的过失，就有损于孩子的自尊心，这是不正确的。在他人面前揭露孩子短处的父母，不配做父母。"

5. 事先制定规则，让孩子明白违反规则需要受到怎样的惩罚

规则的制定可以通过全家协商来完成，这不仅可以培养孩子的责任、担当意识，还能锻炼孩子全方位思考问题的能力。对于事先约定好的规则，需要严格执行。

教育孩子的小技巧

1. 最好能采取委婉的手段，通过讲故事等方式来教育孩子

从故事当中，孩子会自然领悟到其中蕴含的道理，这比父母空讲大道理的效果要好得多。

用故事来教育孩子，不仅可以避免亲子冲突的发生，还会让孩子感受到父母的涵养与文化水平，进而更加尊重父母、崇拜父母，促进亲子关系的和谐发展。

如果能找到切合孩子发展或适合培养孩子某种性格品质的动画片或影片，与孩子一起观看并谈谈观后感想，对孩子的教育效果会更加明显。

2. 要学会用孩子的思维思考问题，用孩子的语言跟孩子沟通

无论是批评孩子还是鼓励孩子，都是为了孩子更好地成长、进步与发展。既然是为了相同的目的，就应以双方都乐于接受为原则。

在教育孩子的时候，如果父母充分了解孩子的思维方式，善于运用孩子的语言来表达，就能够收到很好的教育效果。

3. 学会用书面形式与孩子交流

用书面形式交流比口语交流要好得多。日常对话属于口语交流，比较随意，有时候会出现条理性不强、偏离主题的现象，教育效果会大打折扣。书面语比口语表达更加文雅、主题更加鲜明、条理更加明晰，会对孩子起到更好的鼓励和鞭策作用。

经常与孩子进行书面形式的交流还能收到其他意想不到的效果。如提升孩子的阅读能力，培养孩子快速获取更多有用信息的能力，提升孩子的应试技巧等。

书面语交流还可以帮助孩子提升作文能力。

一篇文章不但能看出写作者的水平，也能看出其思维能力和思想境界。家长或老师和孩子进行书面交流，可以引导孩子注意遣词造句，提升写作能力。

孩子在写作的过程中遇到不会写的生字就要查字典，无形中锻炼了查字典的能力；想要引用名言和名人事例就要搜索和积累，无形中锻炼了查阅和积累资料的能力，当然也强化了对资料的运用能力。

共同成长是教育的真正目的。长期进行书面交流可以让孩子迅速成长，父母也能在这个过程中得到成长。

4. 引导孩子学会自我批评

让孩子学会自我批评，目的是让孩子意识到自己的错误，从而改正错误，避免下次再犯同样的错误。只有学会了反思，孩子才能够拥有全方位考虑问题的能力，才能有真正的成长。对父母来说，只要孩子认识到错误，有改正的决心，教育的目的就达到了。

5. 引导孩子关心别人、帮助别人

关心、帮助的对象可以是自己的小弟弟、小妹妹，也可以是亲戚、邻居家的孩子。在关心、帮助别人的过程中，孩子会做出自我管理，提高自我要求，取得良好的自我教育效果。

另外，孩子能从关心、帮助他人的过程中获得快乐，并养成助人为乐的习惯。孩子需要感受到自己与别人有某些有意义的联结，了解到他的存在对别人的意义。这样做可以帮助孩子交到更多的朋友，感悟生命的意义。

这些情况下不要批评孩子

1. 不在吃饭的时候批评孩子

医学研究表明，人的情绪与胃酸分泌及胃的消化作用密切相关，情绪低落时进食，不利于身体健康。

父母过于严厉地批评孩子，孩子可能伤心哭泣。如果嘴里有食物，哭泣可能会导致食物误入气管中，引起强烈的呛咳。

父母经常在饭桌上批评孩子，会让孩子一想到吃饭就感到压抑，进而抵触吃饭，影响身心健康。

2. 不在睡觉前批评孩子

弗洛伊德指出，在临睡前发生的事情和信息，最容易进入潜意识。临睡前发生愉快的事情，潜意识接收的就是积极的信息；反之，接收的就是消极的信息。

在睡觉前批评孩子，孩子很容易情绪低落，尤其是被训哭了的孩子，睡着以后很容易惊醒，或者在睡梦中继续哭泣，不能进入深睡眠状态。

如果父母经常在睡觉前指责孩子，会使孩子对睡觉产生抵触情绪，造成睡眠障碍，进而导致精神萎靡不振，影响身体发育。

3. 不在孩子生病时批评他

孩子生病的时候，身体不舒服，容易哭闹，此时若被父母批评，会更加难受。即使此时孩子提出不合理的要求，也一定不要批评孩子。

父母可以抱抱孩子，跟他说理解他现在的状态，告诉他父母不能答应他无理要求的原因，并且承诺等身体好了，可以适当满足他的要求。

4. 不在孩子感到惭愧、后悔的时候批评他

如果孩子对自己的行为已经很惭愧了，再严厉地批评他，会让他情绪崩溃。

有人说，自我教育是最有效的教育，自我反省是最有力度的思考。孩子虽然年龄小，但他也有自我反省的能力。当他惭愧、后悔的时候，其实是他最好的反省时机，父母可借机引导他反思自己的错误并吸取教训。

5. 不在孩子特别开心的时候批评他

孩子处于兴奋状态时，大脑中枢神经比较活跃。父母的批评会让孩子的好心情瞬间被破坏，容易造成心理伤害。

当孩子在兴奋状态下犯错时，可以先温和地制止他，等他心情平静下来以后，再跟他说清楚他的错误，让他在心理上有一个缓冲的余地。

6. 不在孩子悲伤时批评他

当孩子正在伤心的时候，父母不应该再批评他，否则孩子更容易陷入悲伤中，无法自拔。这时，父母应该接纳孩子的情

绪，先用心安抚他。

父母的理解会让孩子更快地走出悲伤的情绪，待孩子情绪平复了再跟他分析错误，他才会更容易接受批评并且改正错误。

7. 不在孩子激烈反抗时继续批评他

曾经看见一位家长，原本只是想教育孩子，让他长些记性，没想到，话说得重了一些，孩子开始不服、顶撞。这位家长感觉到自己的权威受到了挑战，就继续打压孩子。当然，结果也是适得其反。

其实，当孩子受到批评而反抗时，家长最应该想到的不应该是孩子不听话了，得趁机打压一下，而是要听孩子说说原因，说不定是自己冤枉了孩子。

如果家长批评孩子时遭到他激烈反抗，家长就要想办法安慰他，以防止他变得暴躁，甚至行为失控。

父母对孩子的爱是毋庸置疑的，但是父母给予孩子关爱是要讲究方法的。批评是父母帮助孩子改正错误的一种非常有效的方法，但父母应该明白，选择恰当的时机批评孩子，孩子才能更容易接受批评，成长为更好的自己。

第三部分

教育理论指迷津

艾宾浩斯遗忘曲线

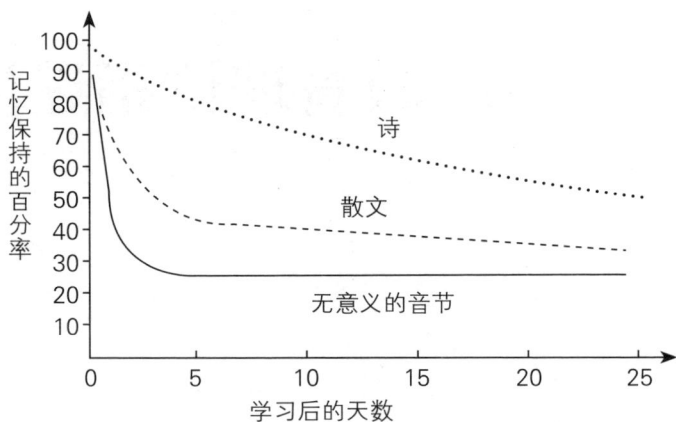

艾宾浩斯遗忘曲线图

该曲线告诉了我们学习中的遗忘规律：遗忘的进程很快，并且先快后慢。

仔细观察曲线，你会发现：刚刚学习过的知识，记忆内容存留率在80%～100%；一天之后，如果不抓紧时间复习，就只剩下原来的30%左右；随着时间的推移，遗忘的速度逐渐减慢，遗忘的数量也会减少，但一个多月后就几乎忘得差不多了。

这个遗忘规律告诉我们：（1）要想让所学到的知识内容转

化为长期记忆，只有不断地重复记忆。因为每复习一次，对刚刚学过的内容的记忆会保持在 80% 以上，多次强化后，短时记忆会成为长时记忆。（2）复习学过的知识永远比只学习新知识重要，"温故而知新"是很有道理的。

这里还有一些有关记忆的其他小知识，分享给大家：

1. 处于紧张、兴奋、期待的状态中，记忆效率会提升。保持好奇心，探索知识的需求就会提高，接收信息的速度就会不断增加，学习效率无形之中就会得到提高。

2. 人在快乐的时候记忆力最好，所以尽可能不要在情绪低落的时候学习，学习时不要出现负面的情绪、悲观的想法，避免做无用功。

3. 饥饿、走动和降低室温可以有效提高记忆力。饭前背书的效果更好，背书时踱步也有助于提高记忆力。

4. 人如果出现焦虑到学不进去的情形，最好的方法是想办法安静地睡一觉，醒来之后会发现面临的困难少了一些。人有时候能突然冒出新点子，也得益于睡眠质量的提升。

5. 最好不要死记硬背，要注重方法和规律的总结。在理解的情况下去记忆，掌握住方法，总结出规律，记忆会产生加速度，达到事半功倍的效果。

6. 复习时最好不要从头到尾再背几遍，应该先在大脑里回想一遍，回忆不起来再看材料，查漏补缺，再进行记忆。这样一方面能节省时间，另一方面能增强记忆效果。

7. 在记忆能力方面，个体之间绝对存在着差异，并不是每个人的艾宾浩斯遗忘曲线都是一样的。人的生理特点、生活经历、年龄差异，会导致我们有不同的记忆习惯、记忆方式、记忆特点。

我们要根据个人的特点，寻找属于自己的艾宾浩斯遗忘曲线，总结适合自己的记忆方法。

学习金字塔理论

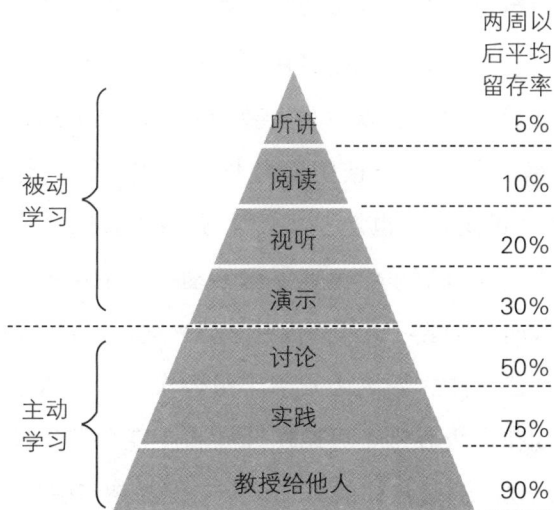

学习金字塔图

　　学习金字塔是一种现代学习方式的理论，由美国著名学习专家爱德加·戴尔于 1946 年首先发现并提出，为美国缅因州的国家训练实验室研究成果。

　　它用数字形式显示：采用不同的学习方式，学习者在两周以后还能记住学习内容的多少（平均学习保持率）。学习效果在 30% 以下的几种传统方式，都是被动学习，其中包括听讲、阅读、视听、演示等；学习效果在 50% 以上的，都是主动学习，如讨论、实践、教授给他人。主动学习与被动学习效率的差别直接冲击着我们的传统认知。

这就要求教师对传统的教育教学方式进行变革，比如多采取小组合作学习方式，让孩子在讨论、实践中把所学的知识教授给别人，这样做可以大幅度地提高学习效率。

家长也可以让孩子在家里做"教师"，把在学校里学过的东西教给自己。有些家长已经使用了这种方法，并且取得了非常不错的效果。学会了以后马上教别人，教会了别人，自己也就"刻骨铭心"了，而且孩子会非常有成就感。这其实就是"教学相长"的道理，也是"积极学习"的道理。

这个理论充分尊重学生在学习活动中的主体地位，引导学生自觉地参加合作学习，从而提升学习兴趣，提高学习效率。

教师在教学中，要大力提倡小组合作学习，让小组成员进行讨论。如在班级教学中可组织开展"小老师"讲授、同学辅导同学等活动，通过这样的方式，同学们在参与中掌握了知识、生成了能力，从而真正实现了从知识到能力的转化。

马斯洛需求层次理论

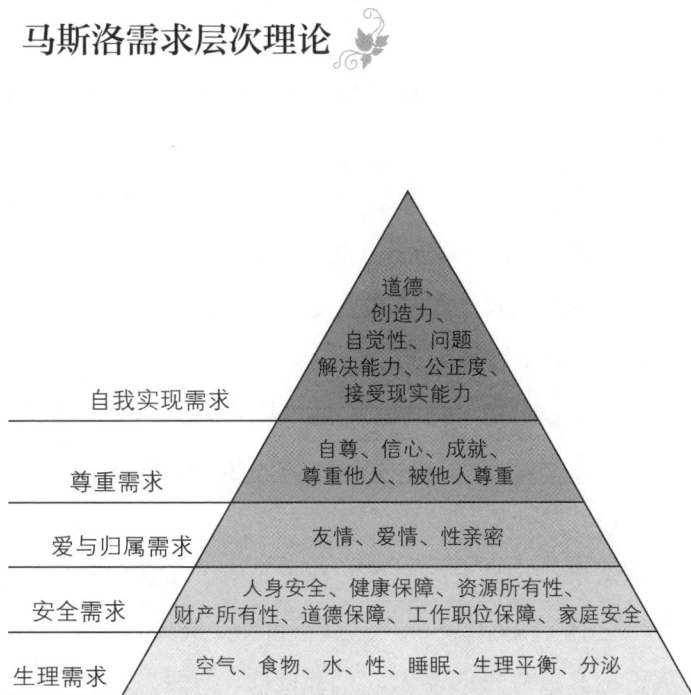

马斯洛需求层次理论图

马斯洛需求层次理论把需求分成生理需求、安全需求、爱与归属需求、尊重需求和自我实现需求五类，依次由较低层次到较高层次排列。只有在较低级的需求被满足后，人们才会向更高层次的需求发展。

生理需求：作为一个人在社会生活中最基本的需求，它是与生俱来的、每个人都需要的。显而易见，只有孩子吃饱喝足了，才会有更多的精神去学习。

安全需求：主要体现在社会秩序、体制、法律、和平、医疗、教育等各方面。在任何情况下，孩子的人身安全都是第一位的。

除了人身安全外，还要让孩子在心理上感到安全。只有这样，孩子才能全身心地投入到学习当中。这就是为什么家长一定要尽力为孩子营造一个和谐、温馨的家庭环境的原因。

爱与归属需求：人们渴望能和别人建立一定的交际关系，希望得到别人的认可，需要在周围的亲人、朋友、同事等群体中有一个恰当的位置。

孩子更需要友谊，更需要好朋友陪伴，交朋友对孩子来说非常重要。这也是孩子都喜欢加入少先队和积极向上的社团组织的原因。

尊重需求：这是更高层次的精神需求，指在相对稳定的基础上得到周围人的尊重、认可，获得自尊心满足。

孩子也有被尊重的需求。只有自尊、自爱，才会自强。引导孩子自尊、自爱、自强，是每个家长、每个教师时时刻刻都要做的事情。自尊心与孩子的学习内驱力联系紧密，培养孩子的自尊心远远要比培养孩子的习惯重要得多。

自我实现需求：这是最高层次的需求，通常是指走向成功或实现人生价值，实现个人的理想、抱负、追求。一个人只有有了自我实现的需求，才能有不竭的动力源泉，也就是我们所说的内驱力。为了实现人生的价值，很多伟大的人物孜孜不倦地投入到自己喜欢的事业中，把造福社会与人类当作自己的使命。这些人才是孩子要追逐的明星、要学习的榜样。

如果每个家长、每个教师都能把马斯洛需求层次理论了然于心并机动灵活地应用于教育教学实践当中，一定可以调动起孩子的学习热情，取得非常不错的教育效果。

达克效应

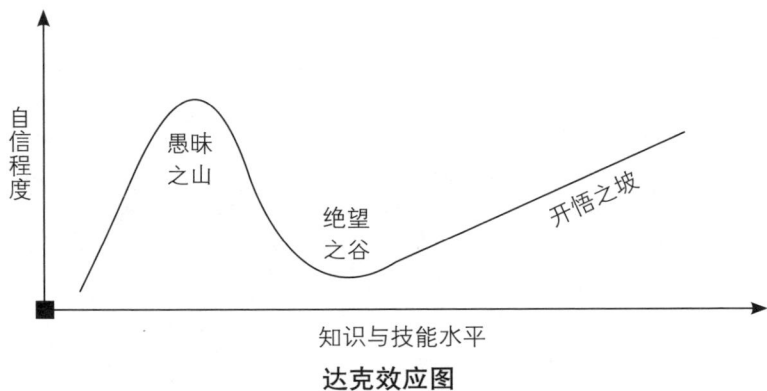

达克效应图

（纵轴）自信程度

愚昧之山

绝望之谷

开悟之坡

（横轴）知识与技能水平

　　达克效应是一种认知偏差现象，指的是能力欠缺的人在自己"欠考虑的决定"的基础上得出错误的结论。行为者因无法正确认识到自身的不足，所以会错误地辨别自身或他人的行为。

　　这些能力欠缺者往往沉浸在自我营造的虚幻的优势之中，常常高估自己的能力水平，无法客观评价他人的能力。他们习惯于以无知偏离正确的认知，继而导致错误的判断，做出错误的决定，最后被迫失望地接受错误的结果。

　　生活中，自我认知有以下几种常见现象：

　　1.大部分人都会高估自己的能力，而且能力越差的人越会高估自己的能力。那些声称 100% 自信的人，往往是处于底层思维逻辑、认知水平较低的人。因自认为能力水平很高，所以他们不太可能反思如何提高自己的能力，让自己变得更好。

2.能力越强的人越能够准确地评估自己的能力。只有那些能力最强的少部分人会低估自己的能力，这被称为"专业知识的负担"。那些顶级的物理学家，对大自然和未知的世界充满了敬畏之情，他们就属于这个范畴。

3.人们只有认识到自己的不足，才能通过有意识的训练与其他方式的学习来提高自己的元认知技能，提高自我评估的准确性。

4.人们可能会把失败归咎于外部因素，如运气或环境，以此来保护自尊。对于长期的学习和发展来说，这并不是一个明智的策略。

达克效应表明人的自信程度会随着知识和经验值的增加经历四个阶段：（1）不知道自己不知道的时候，自信爆棚，冲上愚昧之巅。（2）知道自己不知道的时候，自信崩溃，跌入绝望之谷。（3）知道自己知道的时候，重塑自信，走上开悟之坡。（4）不知道自己知道的时候，睿智而谦和，在某领域攀上巅峰并保持稳定，成为大师。

老师和家长一定要陪孩子了解一下达克效应。尤其是当孩子表现得非常逆反时，让他们知道这个原理，对引导他们学会反思是非常有用的。

可以先告诉孩子逆反是自我觉醒的一种标志，是自我成长的表现。孩子在逆反时，往往会认为自己的能力非常强，不相信权威，认为家长、老师都不如自己。还要让孩子明白：自我意识觉醒与自信是好事，但同时，他们考虑事情并不周全，往往会高估自己的能力，走弯路或做错事。

当孩子表现得很逆反时，是否可以与孩子开玩笑说："你现在是否坐在了'愚昧之山'上呢？"

罗森塔尔效应

罗森塔尔效应，亦称"皮格马利翁效应""人际期望效应"，是一种社会心理效应，指的是教师对学生的殷切希望能戏剧性地收到预期效果的现象。

1960年，美国哈佛大学心理学家罗森塔尔来到一所学校，随机抽取18名学生，却告诉校长："经过科学测定，这些学生全都是智商型人才。"半年后，他又来到该校随访，发现这18名学生进步很大。再后来，这18个人都在不同的岗位上干出了非凡的成绩。

实验者认为，教师因收到实验者的暗示，不仅对名单上的学生抱有更高的期望，而且有意无意地通过提问、辅导、赞许等方式，将隐含的期望传递给这些学生，学生则给老师以积极的反馈。这种反馈又激起老师更大的教育热情，维持其原有的期望，并对这些学生给予更多关照。如此循环往复，以至于这些学生的智力、学业成绩及社会行为朝着教师期望的方向靠拢，最终使期望成为现实。

罗森塔尔效应提示我们，鼓励式教育远优于"棍棒教育"。你认为自己的孩子是聪明、优秀的，他就会成为聪明、优秀的孩子。因为在这个过程中，你会关注自己的孩子，会给予孩子更多爱的表达和赞扬。心理学研究表明，成功来自信任、期待、赞扬。

信任、期待和赞扬具有正能量，可让人感觉获得了认可，自我价值感增强，从而变得更加自信，拥有积极向上的动力，进而会尽力达到对方的期望。

聪明的家长从来不拿别人家的孩子跟自家孩子比，孩子犯了错误，很少批评否定，而是积极地用正面的话语来引导孩子，发掘孩子的潜力。

少挑毛病多鼓励，是每位家长的必修课。

罗森塔尔效应应用在家庭教育中应该注意以下问题：

1. 家长对孩子一定要有期待。相信自己的孩子会变得越来越好，你的期待会变成孩子成长的动力。孩子非常小的时候，所有的家长都对孩子持有非常高的期望，但随着时间的流逝，如果孩子的发展远远低于预期，有些家长会变得悲观，甚至对孩子失望。无论孩子现在发展得怎么样，一定要相信孩子的明天会更好。

2. 对孩子的期待要合理。家长的期待如果远远超出孩子能力所能达到的程度，会适得其反，不利于孩子身心的健康发展。对孩子的期望值要适当，要确保孩子"跳一跳"就能实现目标。

3. 不要对孩子进行消极评价甚至讽刺打压，否则会对孩子带来负面影响，使孩子朝着家长最不希望看到的方向发展。

延迟满足效应

延迟满足是指为了长远的、更大的利益而自愿延缓或者放弃目前的、较小的满足。

20世纪60年代，美国斯坦福大学心理学教授沃尔特·米歇尔做了一个著名的实验：将一群幼儿带进房间，每人面前摆着一个棉花糖。孩子们被告知：可以现在把棉花糖吃掉，也可以等待15分钟，那样可以再得到一个棉花糖作为奖励。最终约三分之二的孩子放弃奖励，立即吃掉了糖果。十几年后，米歇尔对这些孩子进行了跟踪随访，发现当年忍耐力强的孩子成绩更好、注意力更集中、人际关系更好。

延迟满足不是单纯地让孩子学会等待，也不是一味地压制他们的欲望。延迟满足是引导孩子为了获得更大的利益而克制欲望，放弃眼前的诱惑。如果延迟满足的能力发展不足，孩子可能会性格急躁、缺乏耐心，比如平时边做作业边看电视，放学后贪玩不回家，在社交中表现得十分固执等。

从生长发育的过程来看，19个月大的幼儿就能表现出延迟满足的能力差异，因此，从一岁半到八九岁，家长都应该有意识地训练孩子这方面的能力。

第一，一定要相信，虽然孩子延迟满足的能力天生有差异，但通过培养、训练可以让孩子越来越好。

第二，有意识地培养孩子，鼓励孩子要有耐心，并且对孩子在耐心方面的进步及时地进行肯定。

第三，在孩子耐心等待的过程中，要教会孩子"转移注意力"。家长要善于运用这一方法，让孩子做些其他事来分散对目前关注事项的注意力。孩子一旦拥有了这方面的能力，便可以减少对急于得到某物而暂时不可得的焦虑。

第四，培养孩子的自控力要遵循逐步递进的原则。最初的延迟时间不宜过长，否则会让孩子灰心丧气，放弃追求的目标，而且家长要随时对孩子取得的进步进行鼓励。

第五，可给孩子制定一些规矩，如不到周末就不能玩电脑、手机等。形成规矩，是一种不错的锻炼方式。

第六，家长要做好榜样。要切记，一个性格急躁、缺乏耐心、情绪控制能力差的家长，很难培养出一个富有耐心、性格沉静、情绪控制能力强的孩子。

甘地夫人法则 🍇

有一次，印度前总理甘地夫人的大儿子拉吉夫要做一个手术。医生打算说一些"善意的谎言"来安慰孩子，但甘地夫人阻止了医生，平静地告诉12岁的儿子："可爱的小拉吉夫，手术后你有几天会相当痛苦，这种痛苦是谁也不能代替的，所以你要有精神上的准备。哭泣或喊叫都不能减轻痛苦，可能还会引起头痛。所以，你必须勇敢地承受。"手术后，拉吉夫没有哭，也没有叫苦，勇敢地承受了这一切。

甘地夫人认为，挫折的到来是不以人的意志为转移的，更不是父母时刻呵护就能避免的，要让孩子知道和慢慢体会。拒绝挫折就等于拒绝成长。与其用善意的谎言来欺骗孩子，还不如让孩子勇敢地面对困难与挫折。

孩子需要关爱，但太多的爱与关注可能适得其反，甚至"软化"孩子的生命力。孩子的第一次挫折很可能是从吃药、打针开始的。看着孩子恐惧的表情，不妨抱紧他，并坦诚相告。让孩子直面困难和挫折，端正面对失败、痛苦的态度，孩子才能学会自控，培养健全人格，也才能勇敢地面对生活中的各种变化。

　　在孩子成长的过程中，既有愉快的体验，也不可避免地会遇到各种挫折。有些父母为了让孩子少受挫折，会想方设法把本该由孩子承受的各种挫折"屏蔽"掉。虽然孩子一时避开了风雨，但同时他也失去了宝贵的锻炼机会。

　　随着人的成长，遭遇的挫折会越来越大。如果孩子没有经历过挫折，日后一旦他和挫折"撞了个满怀"，很可能被撞倒在地，且惊慌失措、无计可施，不是伤筋动骨就是从此一蹶不振。

　　家长应该相信孩子具有应对困难、挫折的勇气与能力。经过耐心等待，你会发现，原来很多事情孩子是可以应对的，而且会做得很好。倘若孩子具有应对挫折的丰富经验，再遭遇挫折时就能够从容处置、轻松跨越。

　　甘地夫人法则与逆商培养是相互联系的，其目标都是提高孩子应对挫折的能力。甘地夫人法则要求我们教育孩子要直面挫折、勇敢面对，如果没有这个前提，逆商培养就是一句空话。

　　我们很难想象，一个见困难就躲、遇挫折就逃的孩子能够顺利摆脱困境、超越困境。我们要教育孩子在逆境面前不退缩、不逃避，开动脑筋积极应对困难和挫折，不断增强自身的意志力和摆脱困境的能力。

　　在人生的道路上，人们难免会遇到各种各样的挫折和打击。对逆商高的人来说，挫折和打击是进步的阶梯；对逆商低的人来说，挫折和打击就是前进的绊脚石。

　　逆商高的人具有较强的抗挫折能力。生活中的各种挫折对他们来说不过是一道道趣味难题，能进一步激起他们探索世界的热情。

甘地夫人法则目的是让孩子勇敢地面对困难和挫折，而不是让孩子遭受挫折。有些家长或老师为了让孩子受挫折，刻意设置一些所谓的考验，反而变成了对孩子变相的折磨。还有些家长每天都会批评孩子，要给孩子苦头吃，生怕孩子学坏，最后孩子倒是没有学坏，却变得胆小、自卑、不爱说话。生活中本就有数不清的挫折，我们只需要让孩子学会如何正确面对、科学处理就可以了。

为了教会孩子更好地应对困难与挫折，家长可以这样做：

1. 告诉孩子将要发生的事实

一般情况下，家长不要用善意的谎言来欺骗孩子，而要正面告诉孩子可能会面临的事情，让孩子做好思想准备。

2. 告诉孩子苦难与挫折给人生带来的意义

告诉孩子苦难和挫折虽然会让我们感到难过，但既然无法回避，就只有勇敢面对，直面挫折是为了更好地成长。挫折将是帮助我们成长进步的重要资源，没有挫折就没有进步。

3. 告诉孩子生活中有很多事情需要他独自面对

人生的路很长，生活中的很多事情都需要孩子独自面对。父母无法一直陪伴他走下去，他必须学会独自面对生活中的风雨。

4. 告诉孩子父母的爱和支持一直都在

要告诉孩子，当他勇敢面对挫折与苦难的时候，父母的爱与支持一直都在，父母一直在默默地给他加油。

破窗理论

1969 年，美国斯坦福大学心理学家菲利普·津巴多找来两辆汽车，一辆停在高端社区，另一辆停在贫民窟。他先把后者的车牌摘掉，顶棚打开，当天车就被偷走了；前者放了一个星期也无人理睬。后来，津巴多用锤子把前者的玻璃敲了个大洞，结果几个小时后车就不见了。

美国政治学家威尔逊和心理学家凯琳以这项实验为基础提出了"破窗理论"：如果社会上出现一种不良现象，同时对这种现象不闻不问、不及时加以纠正和阻止，这就可能暗示人们这种不良现象是被允许的，从而导致更多的人"去打烂更多的窗户玻璃"，即这种不良行为会在社会上蔓延开来，从而造成社会的无序，阻碍社会的发展。

这个理论说的是环境的作用。环境中的不良现象如果被放任存在，就会诱使人们仿效，甚至变本加厉。一面墙，如果出现一些涂鸦没有被清洗掉，很快地，墙上就布满了乱七八糟、不堪入目的东西；一条人行道有些许纸屑，不久后就会有更多的垃圾，人们会理所当然地将垃圾顺手丢弃在地上。

如果父母生性懒散，孩子多数不会勤快，耳濡目染的作用是非常强的。如果夫妻俩天天吵架，孩子很快便会变得性格暴躁。

父母是孩子的第一任老师，在家里要以身作则，不要让孩子所处的环境被"破窗"所影响。如果孩子犯了错误，一定要让孩子接受教育，这相当于在他们的车窗破了一个小洞时及时换上一块完整的玻璃，否则会越来越糟。

父母应该善用破窗理论，对孩子的教育必须从小处着手。如果发现孩子的不良习惯不立刻制止、纠正，以孩子还小、不懂事为由，不放在心上，或者报之以所谓的宽容态度，那么对孩子将来的发展是极为不利的。杜绝坏习惯的滋生和蔓延，防患于未然，我们的孩子才能成为各方面都非常优秀的好孩子。

在我们的教育教学过程中，也有很多类似的破窗效应。作为班主任老师，如果对班里个别学生的违纪违规行为无动于衷，不及时加以制止，就会有越来越多的学生违纪违规。

"勿以恶小而为之，勿以善小而不为。"教育孩子无小事，教育体现在小事中，教育体现在日常琐碎的生活里。

超限效应

　　一次，大文豪马克·吐温听牧师演讲。他最初感觉牧师讲得很好，打算捐款；10 分钟后牧师还没讲完，他不耐烦了，决定只捐些零钱；又过了 10 分钟，牧师还没讲完，他决定不捐了；等牧师结束演讲时，气愤的马克·吐温不仅分文未捐，还从盘子里拿走了两元钱。这种由于刺激过多或作用时间过长而引起逆反心理的现象，就是超限效应。

　　家庭教育中，有些父母在批评孩子时絮絮叨叨，孩子听得"头都要炸了"。还有的父母会就同一件事再三批评，孩子就会从内疚不安变成不耐烦、反感，甚至会出现逆反心理和行为，导致亲子关系紧张。

　　犯一次错只批评一次，不能超过限度。对非原则性的小错，如果孩子明显已经感觉到错了，家长不妨给他留点面子，睁一只眼闭一只眼，给他留出自我反思的余地；即使孩子犯了比较严重的错误，批评也要点到为止，以免激起他的逆反心理，这样才能达到"四两拨千斤"的效果。

　　家长教育孩子最好做到以下几点：

1. 目的明确

家长教育孩子时，最好就事论事，不要借此发泄自己的不良情绪。发泄不良情绪只会使语言偏离目的，达不到教育的目的。

2. 语言简洁明了

家长表达时，语言要尽量简练而又有层次，就主要问题讲一两点，最多三点，不能啰啰唆唆一大堆，以免孩子听不出重点在哪，搞不好还会引发孩子的逆反情绪。

3. 把握时机

在孩子心情好的时候，或感到后悔、内疚的时候，他是能听得进批评意见的。能否在合适的时机说合适的话、做合适的事，能衡量出一个家长的教育水平。

4. 适可而止

在时间上过长、在内容上过多并重复同样内容的批评，会激起孩子的抵制和厌烦情绪。这时候，即使家长说得再正确，孩子也听不进去。因此，家长在教育孩子时要把握好尺度，懂得适可而止。

5. 引发期望

批评不是目的，让孩子在接受批评之后能有清醒的认识，并产生改正错误的愿望，这才是根本。批评之后要予以鼓励，失败之后要给予信任。总之，要让孩子看到美好的前景，才能助推孩子奋发向上。

手表定律

　　一名游客穿越森林时，把手表落在了岩石上。手表被猴王捡到，猴王学会了使用手表，对猴群进行精细的时间管理，大大提高了工作效率。后来，偶然间猴王又拥有了一块手表。开始时，猴王感到非常兴奋，但很快猴王便感到了困惑与麻烦：两块表的时间不一样，所以猴群的工作、作息时间也因此变得混乱。一段时间之后，猴子们造反，把猴王推下了宝座。

　　这就是"手表定律"的来历：有一只手表可以知道准确的时间，更多的手表却让人失去判断力。

　　手表定律带给我们直观的启发是：一件事情不能同时设置两个不同的目标，否则这件事情将无法完成；一个人不能同时选择两种不同的价值观，否则他的行为将陷于混乱；一个人不能由两个以上的人同时指挥，否则这个人将无所适从；一个企业不能同时采用两种不同的管理方法，否则这个企业将无法良性发展。

　　美国在线是一个年轻的互联网公司，企业文化强调操作灵活、决策迅速，要求一切为快速抢占市场目标服务；时代华纳则强调在长时间的发展过程中建立起诚信之道和创新精神。两家企业合并后，不可调和的价值标准冲突直接导致企业员工完全搞不清企业未来的发展方向，最终再次各走各路。

父母教育子女时如各持各的观点，孩子就不知道听谁的，会无所适从，身心都陷于矛盾之中。所以，父母双方首先要统一意见，再给孩子设定明确的准则。

例如，有一个家庭，妈妈教育孩子时，爸爸总是加以反对，对孩子说"别听你妈妈的，她不懂"，孩子就会对妈妈的教导不以为然。如果长辈参与带孩子，年轻父母应该在尊重的前提下与长辈沟通好，尽量让大人们的教育理念和行为相一致。

当夫妻双方对孩子的教育出现分歧时，应冷静下来沟通一下，说明自己这样教育的理由，以及自己的教育方法会对孩子的发展产生的影响，让对方明白自己的出发点，然后一起选择适合孩子的教育方式。

作为家长，要注意培养孩子的判断能力。要让孩子清楚，什么才是对自己最重要的，别人如何看待你的学习、工作、决定、动机或成就，这些都不要紧，只要你做得正确，就不要太在意别人的眼光。

不要让孩子为了他人的喝彩而调整自己的手表，也不要让孩子因为父母手表的时间和自己的不同而扰乱了生活的节奏，因为只有我们最清楚自己所作所为的重要性。只有孩子学会了依据自己的价值和信念评估自己的行为，他们才能拥有幸福、快乐的人生。

晕轮效应

晕轮效应，又称为"光环效应""成见效应"，这一理论最早是由美国著名的心理学家爱德华·桑代克提出的。当一个人对他人的某一特征形成或好或坏的印象后，他就会倾向于据此推断这个人其他方面的特征。这种效应在人际知觉中会形成以点概面或以偏概全的主观印象。

晕轮效应有以下几个特征：

其一，遮掩性。我们常常会根据晕轮效应由部分推断整体，只看到一小部分，便判断这个东西的其他特征，导致其真实的特点被遮掩，从而产生片面性的错误。就像生活中对一个人印象不佳，会让你完全看不到这个人的优点。

其二，表面性。晕轮效应看到的某一特点，一般都是建立在没有深入了解的基础上，就像情侣在最开始恋爱时总是甜甜蜜蜜，眼中的对方毫无缺点，但是相处时间长了，深入了解后，就会看透对方的本质。

其三，弥散性。晕轮效应导致人们总是爱屋及乌，说好就全部肯定，从一点弥漫至整体，甚至弥漫至相关的物体。

从认知角度讲，晕轮效应仅仅抓住并根据事物的个别特征而对事物的本质或全部特征下结论，是很片面的。在人际交往中，我们应该注意透过现象看本质，避免陷入晕轮效应的误区。

美国心理学家凯利曾分别对麻省理工学院两个班级的学生做了一个实验。上课之前，实验者向学生宣布，临时请一位研究生来代课。他还向学生介绍了这位研究生的一些情况：向一个班学生介绍这位研究生具有热情、勤奋、务实、果断等品质；向另一班学生介绍信息时，除了将"热情"换成了"冷漠"之外，其余各项都相同。对此，学生们并不知道。下课之后，两个班的差别是：前一班的学生与研究生一见如故，亲密攀谈；另一个班的学生对他敬而远之，冷淡回避。可见，仅介绍中的一词之别，竟会影响到整体的印象。学生们戴着这种有色眼镜去观察代课者，而这位研究生就被罩上了不同色彩的晕轮。

在教学中，一个教师对学生智力的看法很可能受学生本人相貌、举止、家庭背景及一些无关的事情的影响。这种偏差不仅影响教师对学生的态度，而且最终会影响学生的学习成绩。晕轮效应的极端化就是推人及物了，从喜爱一个人的某个特征推及喜爱他整个人，又进而从喜爱他这个人泛化到喜爱一切与他有关的事物。

在学习、生活过程中，为避免晕轮效应影响他人对自己或自己对他人的认识，应注意以下几点：

1. 养成良好的评价人和事的习惯，不偏于好也不偏于坏

不要过早地对新的老师、同学作出评价，要尽可能地与老师、同学多方面接触，促进相互间的深入了解。要时刻提醒自

己应全面看待他人，特别是对有突出优点或缺点的老师与同学，更要避免对某一类人的刻板印象，比如不要总是认为商人就是唯利是图的，某某地方的人是奸诈的、不可信的，等等。

2. 在与他人交往时，要注意自己留给别人的第一印象

告诉孩子不要过分在意他人怎样评价自己，要相信自己一定能获得他人的认可和理解。但要注意给人留下的第一印象，避免别人从某个点上去评判我们，而忽略了我们其他方面的优势或优点。

要引导孩子做好每一件小事，如作业、听讲、值日等，特别要注意处理好可能会给自己的形象造成较大影响的事情。要敢于展示自己，让更多的人了解自己的优点和长处，同时，也要尽可能让他人了解自己的不足之处。

3. 要学会用发展的眼光去评价人和事

在教育教学过程中，教师应该用发展的眼光看待学生，尊重学生的个体差异，促进每个学生健康发展，不能用机械的、凝固的、静止的眼光看待学生，更不能以当下的成绩作为评价学生的唯一标准。

由于学生存在个体差异，因此教师要善于捕捉和发现每个学生身上的灵性，并加以培养，促使他们的个性、特长得到充分的展示与发展。要用发展的眼光看待学生，相信每位学生都是有能力的人，乐于挖掘每一位学生的潜能，并给予充分的肯定，帮助学生树立自尊和自信。

锚定效应

锚定效应，又称为"沉锚效应""锚定陷阱"，指的是人们在对某人某事做出判断时，易受第一信息或第一印象支配，界定一个参考起点，这个先入为主的参考起点就像沉入海底的锚一样把人们的思想固定在某处。

譬如，一个男生与女朋友去大型珠宝店时，看见一个特别显眼的地方摆着一个闪闪发光的首饰，走近一看，该首饰的价格高得惊人。这时，女朋友被吸引住了，很想得到它。他多番劝说女朋友，终于在买了另一款也挺贵的首饰后，女朋友才感到满意。如果是平时，他根本不会买这么贵重的首饰给女朋友，为什么这个时候却买了呢？

很简单，珠宝店给出来一个很高的"锚"，而且把这个"锚"放在一个很显眼的地方。你可以不买这个"锚"，但是为了安慰女朋友，你肯定不会买一款相差太大的首饰；或者说，你原本没有给女朋友买首饰的想法，现在却不得不购买了。

又如，有两家卖粥的小店，其服务质量和每天顾客的数量都差不多，但结算的时候，其中一家粥店的销售额总是高于另一家。究其原因，原来效益好的那家粥店的服务员为客人盛好粥后，总问："加一个鸡蛋还是两个？"而另一家粥店的服务员总问："加不加鸡蛋？"接收到第一个问题的客人考虑的是加几个鸡蛋，而接收到第二个问题的客人考虑的是加不加鸡蛋。考虑的问题不同，答案自然也不同，结果也就不同。

再如，孩子在家里玩手机，到吃饭时间了，妈妈要是抓狂与孩子抢手机的话，孩子就会对妈妈实施"撒娇战术"，这时候孩子往往会觉得"不交"是他应坚持的一个原则。如果妈妈把火压下去，对孩子坚定地说："你是把手机放到卧室来吃饭呢，还是把手机给妈妈，然后再吃饭呢？"孩子一般就会说："放到卧室后吃饭。"因为孩子在当时被"选择"固定了思想。从孩子坚持"不给"到妈妈给出两个选择后他二选一，这个过程就让孩子的思想发生了巨大的转变。

父母可利用这种心理效应，在孩子不听管教的第一时间抛出选项让孩子自己选择。比如，有的时候孩子总是想玩，父母这个时候不要命令孩子快去写作业，可以这样对孩子说："你是先写语文作业呢，还是先写数学作业？"这样既避免了与孩子产生冲突，又能引导孩子去写作业，达到好的教育效果。

木桶效应

木桶效应是由美国管理学家彼得提出的，是讲一只水桶能装多少水取决于它最短的那块木板。想让一只木桶盛满水，每块木板必须都一样平且无破损。如果这只桶的木板中有一块不齐或者某块木板有破洞，这只桶就无法盛满水。

这就是说任何一个组织可能面临一个共同的问题，即构成组织的各个部分往往是优劣不齐的，而劣势部分往往决定整个组织的水平。

一个孩子的学科综合成绩好比一个木桶，每一门学科成绩都是组成这个木桶的不可缺少的一块木板。孩子优异综合成绩的稳定不能只靠某几门突出的学科，而应该取决于所有学科的整体状况，特别取决于其中的某些薄弱学科。因此，当发现孩子的某些科目存在不足时，就应及时提醒孩子，让其在这门学科上多花费一些时间，做到"取长补短"。

父母都希望能够全面培养孩子的能力，不希望孩子在某方面出现短板。父母总是要求孩子将每一件事情都做好，不出现偏差。

但是，如果父母和老师总是实行各科平均教育的话，就会导致孩子变得没有什么特长。孩子太过于平均发展的话，会使得他在社会上没有自己的特长和优势。孩子如果有特长的话，就会在某一领域中表现出自信和乐观。

父母和老师在用木桶效应教育孩子时，要想到，木桶效应既能将孩子的短板体现出来，也能够让我们意识到孩子的特长。

父母和老师不要总是揪着孩子的短板不放，认为短板阻碍孩子的发展。其实，孩子的特长也是值得父母和老师去发现、发展的。发挥孩子的特长会让孩子发展得更加优秀，在某一领域中取得卓越的成就。

无数成功人士的事例证明，一个具有某种特质的人，在其特质得到最大程度发挥时，就能取得成功。

对学生的教育，应当以发挥学生最大优势为前提，让学生的长项更强，让学生充分树立自信和勇于开拓的精神。我们要使学生变得越来越优秀，而不是割去表现学生长处的那块木板，去补表现学生短处的那块木板。

木桶效应在教育中的作用可以总结为以下几点：

1. 从中国教育的现状出发，如果孩子想要考取一个理想的大学，高考科目中尽量不要出现明显的短板。如果出现短板，应该尽量补齐短板，否则就会影响中高考总成绩。

2. 如果孩子在某些方面表现得非常突出，无论是家长还是老师，都应该鼓励孩子发展特长，而不要为了全面发展而舍弃特长。

例如全红婵，如果家长与老师忽略她的特长，让她像其他孩子一样在文化课上全面发展，也许她也会考上大学，找一份稳定的工作，但中国就会失去一位非常优秀的跳水运动员，她的人生就不会像现在这样精彩。

其他在体育、艺术方面表现出极高天赋的孩子，家长与老师也要早点做出决断，尽早培养其专长，不必要求孩子在文化课方面与其他孩子一样全面发展。

3. 即使是文化课非常好的孩子，到大学后也要培养自己的专长，把自己的专业搞好。一个人无论多么厉害，也不可能把每一方面都做得非常好。在社会上，一个什么都会点的人，他的成就绝对赶不上一个在某个领域中非常专业的人。

4. 木桶效应在人力管理方面具有很大的作用。如果一个企业、一个机构，能清楚地知道本单位每个人的"长板"是什么，发挥每个人的特长，把每个人都放在适当的位置上，这个企业或机构一定能发展得越来越好。

德西效应

心理学家德西曾讲述过这样一个故事：有一群孩子在一位老人家门前嬉闹，叫声连天。几天过去，老人难以忍受。于是，他出来给了每个孩子 10 美分，对他们说："你们让这儿变得很热闹，我觉得自己年轻了不少，这点钱表示谢意。"孩子们很高兴，第二天继续来这里，一如既往地嬉闹。老人再出来，给了每个孩子 5 美分。5 美分也还可以吧，孩子们仍然兴高采烈地走了。第三天，老人只给了每个孩子 2 美分，孩子们勃然大怒："一天才 2 美分，知不知道我们多辛苦！"他们向老人发誓，再也不会来这里为他玩了！

在这个寓言中，老人的方法很简单，他将孩子们的内部动机"为自己快乐而玩"变成了外部动机"为得到美分而玩"，而他操纵着美分这个外部因素，所以也操纵了孩子们的行为。

德西实验表明：在外在动机和内在动机都起作用的情况下，人们的内在动机有时不但不会增强，反而会降低。人们把这种现象称为"德西效应"。

德西效应在生活中时有显现。比如，有些父母经常会对孩子说："如果你这次考 100 分，就奖励你 100 块钱。""要是你能考进前 10 名，就奖励你一个新玩具。"家长们也许没有想到，正是这种不当的奖励机制，会将孩子主动学习的兴趣一点点地消减掉。

在学习方面，家长应引导孩子树立远大的理想，增进孩子对学习的兴趣，增强孩子学习的动机，帮助孩子收获学习的乐趣。家长的奖励可以是对学习有帮助的一些东西，如书本、文具，而一些与学习无关的奖励，则最好不要给。

当人们尚没有形成自发内在的学习、工作动机时，从外界给予激励刺激，以推动人们的学习、工作活动，这种奖励是必要和有效的。如果活动本身已经使人们感到很有兴趣，此时再给予奖励，不仅显得多此一举，还可能适得其反。从学习角度来说，每个孩子的内心都想取得好成绩，成为老师心目中的宠儿，成为同学们羡慕的对象；另外，把原来不懂的知识搞懂了，也是非常有成就感的事。一味奖励会使学生把奖励当作学习目标，导致学习目标转移，只专注于当前的名次和奖励物品。

因此，我们要正确使用奖励的方法而不能滥用奖励，避免发生德西效应。

蝴蝶效应

蝴蝶效应是指在一个动力系统中，初始条件下微小的变化，经过一定的时间及其他因素的参与作用，不断放大，最后能带动整个系统的长期的巨大的连锁反应。

1963 年，美国气象学家洛伦兹在解释空气系统理论时说，南半球亚马孙河流域热带雨林中一只蝴蝶偶尔扇动翅膀所产生的微弱气流，由于其他各种因素的掺和，可能在两周后引起美国得克萨斯州的一场龙卷风。他把这种现象称为"蝴蝶效应"。

蝴蝶效应告诉我们，教育孩子无小事，细节决定成败。对一句话的表述或对一件事的处理，正确和恰当的，可能对孩子的一生产生积极的影响；错误和武断的，则可能贻误孩子一生。

在家庭教育中，家长是孩子的第一任老师，对孩子行为习惯的养成，对孩子世界观、价值观、人生观的培养起着非常重要的作用。一个孩子良好习惯、积极心理的养成及健全人格的形成等，都是从一点一滴当中慢慢积累起来的。

如果父母不及时纠正孩子在成长中出现的小过失，很可能会影响孩子的正常发展，甚至导致孩子走上违法犯罪的道路，影响其整个人生。

教育孩子，任何事情都不是小事，当发现孩子有小错误时，一定要及时纠正，千万不能把小事当作"儿戏"，以免因纵容害了孩子。

我们的教育要关注每一个环节、每一名学生、每一件小事，从细微处入手，从小事做起，真正做到全程育人、全面育人、全员育人。

"百年大计，教育为本。"不管在哪个年代，孩子的教育永远无小事。只有从小抓起，从小事抓起，才能培养出优秀的人才。

尤其在小学阶段，学生正处于人格养成的关键期，家长、教师的一言一行，就像一只不起眼的蝴蝶随意扇动着翅膀，可能会正向激励他们，带给他们无穷的力量，也可能一不小心，在他们心中留下难以医治的创伤。

教育无小事，教师的一次微笑、一次表扬、一次谈心，都可能影响学生一辈子。所以，教师要时刻关心学生，用心观察学生，及时发现学生的心理或情绪变化，并悉心教导和鼓励，引导学生健康、快乐成长。

家长、教师一定要以身作则，树立良好形象，发挥榜样作用，充分发挥蝴蝶效应，助推孩子养成良好习惯、优良品质，为以后的学习、生活打下良好基础。

霍桑效应

　　美国芝加哥郊外的霍桑工厂是一个制造电话交换机的工厂。工厂里有较完善的娱乐设施、医疗制度和养老金制度等，但工人们仍然心存不满，生产状况很不理想。后来，心理学专家专门进行了一项实验，即用两年时间，专家找工人进行个别谈话两万余人次，规定在谈话过程中，要耐心倾听工人对厂方的各种意见和建议。受测试的工人们感到自己受到了关注和重视，从而改变了消极的行为倾向。社会心理学家将这种现象称为"霍桑效应"。它是指当被观察者知道自己成为观察对象、受到别人注意时，随之改变自己行为倾向的心理效应。

　　在学校教育教学中，利用好霍桑效应，对后进生进行持续有效的关注，是做好其转化工作的一个重要手段。

　　1. 受关注是后进生的情感需求

　　根据马斯洛需求层次理论，爱的需求、归属感和被认同的需求等都是人的较高层次的情感需求。后进生本能地渴望受到关注，因为教师的关注能让他们产生被关爱、被接纳和被认同的情感体验。

　　教师在教育教学中重视后进生，是做好后进生转化工作的一个重要手段。要实现对后进生的有效关注，教师必须对后进生有具体且合理的期望，提高其自我效能感，并关注其问题行为背后的因素。只有找到问题产生的真正原因，才能帮助后进生实现真正的转变。

2. 受关注能激发后进生学习的内驱力

后进生感受到老师特别的关注后，除了略微紧张外，还会感到欣喜：老师并没有放弃我，老师还是很看好我的。后进生也许会因为喜欢这个老师，从而喜欢上老师教的这门学科，进而完全喜欢上学习。

反之，有些学生由于讨厌某个任课教师而开始讨厌这个学科。教师的认可和欣赏这种积极的心理暗示甚至比直接的夸奖更能触动后进生的心灵，会对他们的学习情绪和心理产生积极的影响，激发出他们奋发进取的内驱力，彻底改变他们的学习状态。

3. 倾诉与宣泄有助于孩子减轻思想压力

在工厂的谈话实验中，工人们不仅宣泄了心中的闷气，更表达了自己的意愿和需求。随后，工人的情绪开始高涨，对生产的态度发生了改变，人际关系也更加融洽，工厂的产量自然得到了提高。

孩子在学习、成长的过程中难免有困惑或不满情绪，但在学校里不可能充分地表达出来。作为家长，要尽量挤出时间与孩子谈心，耐心地引导孩子尽情地诉说，说出自己生活、学习中的困惑，说出自己对家长、学校、老师、同学等的不满，等等。

　　孩子在诉说之后，会有一种发泄式的满足，会感到轻松、舒畅。这既有助于孩子减轻思想负担与压力，也可让他们在学习中更加努力、在生活中更加自信。

增减效应

人际交往中的增减效应是指：任何人都希望对方对自己的喜欢能"不断增加"而不是"不断减少"。有些销售员就是抓住了人们的这种心理，给顾客称货时总是先把少量的货放在秤盘里再一点点地添加，而不是先把一大堆货放在秤盘里再一点点地往外拿。实验证明，人们更喜欢那些对自己表示赞赏的态度或行为不断增加的人或事，而反感批评态度或行为不断减少的人或事。

我们在评价孩子的时候难免将他的缺点和优点都诉说一番，并常常采用"先褒后贬"的方法。其实，这是一种很不理想的评价方法。

在评价孩子的时候，我们不妨运用增减效应。比如先说孩子一些无伤尊严的小毛病，然后再恰如其分地给予赞扬……这样孩子更容易接受我们的建议，达到更好的教育效果。

在与别人交往时，如果给别人提建议，也最好先指出对方某方面的不足，然后再提出其值得肯定的地方。这样不仅不会让对方不开心，还会给对方留个好印象。

当然我们也不能机械地照搬增减效应，因为在和孩子或他人谈话的过程中涉及的具体因素有很多。倘若不根据具体谈话内容、实际环境一味地采取先贬后褒的方法，有时候会适得其反。

另外，不要总想着一直以比较完美的形象示人，也不要要求他人一直做完美的人。有些人为了让自己受欢迎，凡事总想着讨好他人，不知不觉间迷失了自我。时间长了，别人会认为你不真诚、不可信。

南风效应

南风效应也称"温暖效应"，源于法国作家拉·封丹写的一则寓言：北风和南风比威力，看谁能把行人身上的大衣脱掉。北风使劲地刮，想刮走人们身上的衣服，结果行人为了抵御寒冷侵袭，便把大衣裹得紧紧的。南风则徐徐吹动，行人觉得春暖上身，始而解开纽扣，继而脱掉大衣。南风获得了胜利。

故事中南风之所以能达到目的，是因为它顺应了人的内在需要。

这种效应运用于教育中有着深刻的现实意义：在教育中要尊重学生的情感需求，北风式的教育方法会使学生把"大衣"裹得更紧，而南风式的教育方法则顺应了学生的内在需要，能让学生敞开心扉。

这让我想起苏洵教子的故事。苏洵之子苏轼和苏辙自幼十分顽皮，苏洵在多次说教无效的情况下，决定改变对孩子的教育方式。每当两个孩子玩耍时，他就有意躲进角落里读书。父亲的这一举动，引起了孩子们的注意和兴趣，但当孩子走近时，他便又故意将书"藏"起来。苏轼和苏辙更觉奇怪，以为父亲一定在瞒着他俩看什么好书。出于强烈的好奇心，趁父亲不在时，两人就把书"偷"来细心阅读。之后，兄弟两人渐渐养成了爱读书的习惯，成为一代名家。

苏洵家教的成功之处在于：当说服教育无效时，他并没有采取简单粗暴的高压教育方法，而是巧妙地利用孩子的好奇心和求知欲来加以引导，继而培养了孩子读书、学习的好习惯。

由此我们可以知道，家庭教育中采用"棍棒""恐吓"之类北风式教育方法是不可取的。实行温情教育，多些表扬和鼓励，培养孩子学习的自觉性、积极性，才能达到事半功倍的效果。

在学校教育中，教师也要充分利用南风效应，顺应学生的内在需要，尤其是面对有问题的学生，要对他们多一分宽容和尊重，多一分理解和鼓励，少一些批评和讽刺，让他们学会自省。教师采用南风式教育方法，就能轻而易举地冲开学生的心理防线，让学生自觉脱去紧护心灵的外衣，敞开心扉，与教师进行心灵对话，从而达到教育目的。

古人云："数子十过，不如奖子一长。"学生的内心都非常渴望受到表扬，特别是后进生。在校园生活中教师表扬更多的是成绩优秀的学生，他们往往乖巧、聪颖，能遵守纪律，按时完成学习任务。教师的关注以及无意识流露出的赞赏、表扬，都会让这些学生更加积极向上。相反，对于一些后进生，他们或迟钝，或调皮，或懒惰，不会合理运用时间去完成学习任务，有时还会引发一些矛盾，长期积攒的负面评价更会让他们自暴自弃。为了给学生们的内心注入一股暖风，教师要拿着放大镜找学生们的优点，特别是后进生的优点。

　　教师如果对后进生采取强硬的北风式教育方法，则不仅不利于激发学生的上进心，反而会激发其逆反心理，不利于实现育人目标。

马太效应

马太效应的意思是强者更强，弱者更弱，反映了一种两极分化的现象。在教育领域，这种效应在学校、学生身上都有所体现。

马太效应在家庭教育中体现得淋漓尽致。如果父母重视教育，就会给予孩子更好的教育资源，引导孩子养成良好的学习习惯，孩子学习就会越来越轻松，越来越容易成功；如果父母不重视教育，则孩子往往难以形成良好的学习习惯，学习随之会越来越吃力，成绩会越来越糟糕。

这里要特别注意的是，起点教育优势并不是指孩子考多少分，而是指家长是否引导孩子养成了良好的学习习惯、自我学习的意识。所以，对孩子学习习惯的培养要从他小的时候就开始重视，越是小时候养成的习惯对孩子的影响越深远。如果家长在孩子小的时候不重视其学习习惯的培养，孩子以后的学习就会越来越困难。

此外，家境对孩子的影响也可以用马太效应来解释。孩子的家境越好，他受到的教育往往就越好，眼界也往往就越开阔，未来成功的可能性也就越大。相反，大部分穷人家的孩子因为家境原因，所能接受的家庭教育自然相对逊色，其求学之路也会相对坎坷。

据某媒体报道，每年北京大学和清华大学的入学新生中，有接近一半的学生来自全国四五十所所谓的"超级中学"。也就是说，进入"超级中学"就意味着学生能早早地在名校占据一席之地。如果不能进入"超级中学"，进入一流大学就变得难上加难。高等教育资源的提前分布，导致地域、收入、社会阶层对资源分布的影响进一步加强。这也是国内一流高校中的"贫困生"比例持续降低的一个主要原因。

教育资源不均衡，导致择校现象屡禁不止；择校的推波助澜，又强化着这种不均衡。优校恒优，差校愈差，教育的马太效应因此产生。推行教育公平，消除马太效应，考验着教育当局的政治智慧和行政执行力。

作为家长，我们左右不了教育资源的分配问题，但我们可以防止马太效应出现在我们的家庭教育中。不管在什么环境下，我们都要爱惜、安慰、尊重和保护孩子，这样，孩子才有动机和乐趣去发掘更多的长处。

要防止马太效应出现在家庭教育之中，就应该学习并践行多元评价理论。评价孩子做到多元化、多维化和多样化，用显微镜、放大镜去观察和理解孩子，发现孩子的闪光点，并不断鼓励和激励孩子。

蒙台梭利说过："孩子身上的问题，都是大人的问题，是原生家庭的问题。"父母要重视营造家庭氛围，为孩子建立一个良好的生活环境，比如父母关系和谐、父母爱学习等。这些微小的细节叠加在一起，可以让孩子慢慢变得更好，未来成为一个更优秀的人。

父母一定要懂得鼓励孩子，如孩子遇到挫折时要告诉他"你能行"，不要害怕失败。在父母的鼓励和支持下，孩子才有勇气去面对挫折。要时时处处尊重孩子，注重培养孩子的自尊心，努力摆脱马太效应的误区，使孩子从平庸走向优秀。

儿童的天赋随着年龄增大而递减，教育得越晚，儿童与生俱来的潜能就发挥得越少。因此，对孩子的教育一定要尽早介入，当然，还必须是正确介入。

家长朋友应该积极学习现代家庭教育知识，努力发掘孩子身上的闪光点，调动和促使他们不断积极进取；要为孩子创造更多、更好的条件，为他们提供更广阔的发展空间。

登门槛效应

日常生活中有这样一种现象：在你请求别人帮助时，如果一开始就提出较高的要求，很容易遭到拒绝；但如果你先提出较低的要求，别人同意后再增加要求的分量，则更容易达到目标。这种现象被心理学家称为"登门槛效应"。

登门槛效应，又称"得寸进尺定律"，是美国社会心理学家弗里德曼与弗雷瑟在 1966 年做的"无压力的屈从——登门槛技术"现场实验中提出来的。

在家庭教育中，我们也可以运用登门槛效应。这要求我们在教育孩子时要懂得循序渐进、循循善诱。

登门槛效应蕴含的是一种教育的理性、教育的智慧。"随风潜入夜，润物细无声"，不经意处见匠心。在教育孩子的过程中，我们应将长期目标和近期目标结合起来，将较高的目标分解成若干层次的小目标，以调动孩子学习的积极性。例如，先对孩子提出较低要求，待他们按照要求做到了，及时予以肯定、表扬，然后逐渐提高要求，助推孩子积极奋发、拾级而上。

关于登门槛效应，有很多成功的、有趣的小案例，现在给大家分享一下。

　　从前，有个小和尚跟师傅学艺，可师傅却什么都不教他，只交给他一群小猪让他放养。庙前有一条小河，每天早晨老和尚要求小和尚抱着一头头小猪跳过河，傍晚再抱回来。后来，小和尚在不知不觉中练就了卓越的臂力和轻功。原来随着小猪一天天长大，小和尚的臂力也在不断地增长，弹跳能力在不断上升，这也是登门槛效应的应用。这与习武之人练功时不断在腿上增加沙袋的重量，当他某一天解下沙袋的时候，也就练成了令人惊艳的轻功，是一样的道理。

　　还看过一篇报道：在一次万米长跑竞赛中，某国一位实力一般的女选手勇夺桂冠。当记者问起夺冠奥秘时，她说："别人把1万米看作一个整体目标，我却把它分为10段。在第一个1000米时，我要求自己争取领先，这比较容易做到，因此我做到了。在第二个1000米，我要求争取领先，这并不难，所以我也做到了。这样，我的每一个1000米都保持着领先水平，并超出对手一段距离，所以夺取了最后胜利，尽管我水平不是最高的。"她的成功在于她把大目标分解成若干小目标，这也是登门槛效应的成功应用案例。

　　有一个孩子学习成绩不好，连续两次考了班级倒数第一。爸爸耐心地帮助他分析原因，并给出目标："你已经连续两次全班倒数第一……下次能提前到全班倒数第五吗？"小男孩想了想，觉得努努力应该没问题。结果下一次考试，他的成绩提前到全班倒数第十。爸爸趁机鼓励他："爸爸觉得你的潜力很大，下次有信心提前到全班倒数第二十吗？"结果下次考试，孩子成绩位居全班第二十名。爸爸接着鼓励道："你看，努力就会有回报，认真对待就会不一样！爸爸对你有信心，下次能上升到全班前十名吗？"非常高兴的是，孩子又一次达到了预期目标。在爸爸的引导下，孩子经过努力一步步完成了小目标，实现了大目标。这就是科学运用登门槛效应的厉害之处。

贴标签效应 🍃

在第二次世界大战期间，由于兵力不足，而战争又的确需要一批军人，于是，美国决定组织关在监狱里的犯人上前线战斗。为此，美国特派了几个心理学专家对犯人进行战前训练和动员，并随他们一起到前线作战。

训练期间，心理学专家对犯人并没有过多地进行说教，而是让他们每周给自己最亲的人写一封信。信的内容由心理学家统一拟定，叙述的是犯人在狱中的表现如何如何好、如何改过自新等。专家要求犯人们认真抄写后寄给自己最爱的人。

三个月后，在犯人们开赴前线之前，专家要求犯人给亲人的信中写一写自己在战场上会如何服从指挥、如何勇敢等。结果，这批犯人在战场上的表现比起正规军来毫不逊色，他们在战斗中正如他们信中所说的那样服从指挥、勇敢拼搏。后来，心理学家就把这一现象称为"贴标签效应"，心理学上也叫"暗示效应"。

这一心理规律在家庭教育中也有着极其重要的作用。例如，如果我们老是对着孩子吼"笨蛋""猪头""怎么这么笨""连这么简单的题目都不会做"等，时间长了，孩子可能就会真的成为我们所说的"笨蛋"。所以，父母必须戒除嘲笑羞辱、责怪抱怨、威胁恐吓等语言，不要给孩子贴上负面标签，要多用激励性语言，对孩子予以鼓励。

在家庭教育中，家长应该努力做到以下几点：

1. 不轻易对小孩子下不好的结论

小孩子还没有建立起自己的评价标准，对家长的话深信不疑。无论他是顽皮、好动，还是做出一些"出格"的举动，这些多为天性使然，无所谓好坏。即使有一些不良行为，往往也是一种无意识表现或对成人的简单模仿。

所以，切忌动不动就对孩子的行为贴上不好的标签，否则很容易使孩子自觉或不自觉地趋同于划定的类别，影响他们健康成长。

对小孩子少批评指责，多表扬肯定。对于儿童的心理和行为，应从多方面去观察。对他们的不良行为不要简单训斥，而应告诉他们这样做是不好的，并告诉他们遇到类似的情形应该怎么做。

2. 不做上纲上线的批评

当孩子出现了家长不愿意看到的行为时，家长应只批评孩子具体的不良行为，不能贬低孩子的品质和能力。对孩子进行教育应当"就事论事"，不上纲上线，注重用具体指导代替盲目指责，用提出希望代替严厉批评。这样，不但教育效果会好得多，而且能给孩子的发展指明方向。

3. 不做虚夸、过分的表扬

儿童有好的表现时，应当给予赞许，但是赞扬的语言也不能脱离实际，更不能虚妄夸大，而应实事求是。常受称赞的孩子，一旦发现大人说的话并非事实，就会感到烦恼，而且从此对家长和老师的话会失去信任，对自己的优点也失去信心。不实的表扬，还会让孩子迷失自我、爱慕虚荣。一旦遇到挫折或失败，孩子容易走向自卑甚至自毁的极端。

4. 表扬孩子优秀的行为或品质

在生活中，当孩子的某些行为具有优秀品质的时候，我们就要及时地、恰当地予以赞美、肯定，让这种优秀的品质沉淀在孩子的意识里。如我们可以表扬孩子有毅力、有自信、注意细节、有合作精神、有领导能力等，但最好不要表扬孩子长得漂亮、很聪明等。

希望家长在家庭教育中都能用暖心积极的话语、优质向上的标签来引导孩子。这样不但可以使孩子们的特长和优点得到巩固、发扬，而且可以帮助一些孩子矫正和克服不良习惯。愿所有的老师和家长都能学会正确地、适当地"贴标签"，引导孩子健康快乐地成长。

踢猫效应

一个爸爸在公司受到老板的批评，回家后就把在沙发上跳来跳去的小孩骂了一顿。小孩心中窝火，狠狠地踢了身边滚来滚去的猫。猫咪跑到街上，正好一辆卡车开过来，司机赶紧避让，却撞伤了路边的小孩。这是心理学上有名的踢猫效应，描绘了典型的坏情绪传递而引起恶性循环的场面。

踢猫效应是指对弱于自己或等级低于自己的对象发泄不满情绪而产生的连锁反应。人的不满情绪和糟糕心情，一般会沿着等级和强弱组成的社会关系链条依次传递，由金字塔尖一直扩散到最底层。其实，这是一种心理疾病的传染现象。

一般而言，人的情绪会受到环境及一些偶然因素的影响。当一个人的情绪变坏时，潜意识会驱使他选择下属或无法还击的弱者发泄。受到上司或者强者情绪攻击的人又会去寻找自己的出气筒。这样就会形成一条愤怒传递链条，最终的承受者即"猫"，是最弱小的群体，也是受气最多的群体，因为也许会有多个渠道的怒气传递到它这里来。

其实一个人受到批评、心情不好是可以理解的。心情不好之后产生踢猫效应，这不仅于事无补，反而容易激发更大的矛盾。一般来讲，踢猫效应会带来以下危害：

1. 对自己身心造成影响

愤怒是一种极端情绪，既伤肝又伤心，还会对大脑中枢造成恶劣刺激，容易导致脑出血等危急情况。经常生气的人，其患病的概率是普通人的四至五倍。

2. 对人际关系造成伤害

如果一个人总是乱发脾气，就不会有人愿意主动与之交往，也不会有很多合得来的朋友。在工作中，往往会造成与同事的关系紧张，不利于工作的开展。在家庭中，也会造成与家人的争吵，不利于营造幸福、和谐的家庭氛围。

3. 会使情况更加糟糕

踢猫效应导致的最常见后果是恶性循环。一些事情本来可以用沟通和协商的方式和平处理，却会因为当事人脾气暴躁而出现更为糟糕的后果。

如何避免踢猫效应呢？来看一则案例。

一位顾客要了一杯加柠檬的红茶和牛奶，服务员送过来之后顾客指着杯子大声喊道："你看看！你们的牛奶是坏的，把我的一杯红茶都糟蹋了！"服务员一边赔着不是，一边给顾客重新做了一杯红茶。这一次，除了红茶，服务员还给顾客准备了新鲜的柠檬和牛乳，并单独放在一边。服务员把这些东西轻轻放在顾客面前，轻声地说："我想给您提个建议，红茶里如果放柠檬，就不要加牛奶，因为有时候柠檬酸会造成牛奶结块。"听到这番话，顾客的脸一下子红了，匆忙喝完茶离开了。另外一个顾客看到了这一幕，笑着问服务员："刚才明明是他的错，你为什么不直说呢？"服务员笑着说："正因为道理一说就明白，所以就用不着大声。理不直的人，常用气壮来压人。理直的人，却用和气来交朋友。"

这位服务员的过人之处就是没有让别人的坏情绪影响到自己，也没让坏情绪通过自己传播下去。她的身边一定会有很多朋友，工作起来也一定会得心应手，她的家庭也必定非常幸福。

如果我们不幸成了踢猫效应的受害者，要善于调整情绪，及时终止坏情绪。就像故事中的服务员，虽然错误在顾客，但服务员并没有让顾客的坏情绪影响到自己，而是迅速把自己抽离出来，巧妙地化解了顾客的坏情绪。

如何教育孩子学会控制情绪呢？

1. 让孩子了解和认识踢猫效应

要让孩子知道踢猫效应所带来的危害，不当坏情绪的发起者；如果不幸成为踢猫效应的受害者，要善于调整情绪，不当坏情绪的传递者，而且最好能想办法让发脾气的人意识到自己的错误。

2. 家长以身作则，成为良好情绪的把控者

父母的一言一行都对孩子起着潜移默化却深远持久的作用。为了避免孩子出现不良情绪，做家长的首先要克制住自己的情绪，不把负面情绪带到家庭生活中去，更不要让孩子成为发泄对象。

孩子就是我们的镜子。我们怎么样，孩子就会怎么样。把坏情绪转嫁给孩子，非但不能解决问题，还会造成不可逆的伤害。

踢猫效应也反映出修养的缺失——迁怒。"不迁怒，不贰过"，可以说是一个人修养的至高目标。为了更加美好的生活，我们必须为之努力。

3. 引导孩子学会换位思考

让孩子有效地控制自我情绪，换位思考是关键。可以让孩子学着换位思考。比如，让孩子把自己想象为踢猫效应中的那只猫咪，他人的情绪发泄对自己产生了伤害却只能承受而无法反抗，这样的情况你愿意承受吗？该如何避免？

4. 教育孩子通过合理的方式发泄不良情绪

不管出于什么原因，人们往往难以避免产生坏情绪。如果感觉坏情绪特别难以控制时，就及时发泄出来，但是发泄的方式和对象一定要合理。比如，可以找好友倾诉，跑到无人的角落大喊几声，或者通过运动来发泄，等等。

在生活、工作中，将"踢猫"的传递链及时斩断，不去"踢猫"，也不成为"猫"，我们就可以活得更开心，别人也会因我们而更舒心。

詹森效应

曾经有一名叫詹森的运动员，平时训练有素，实力雄厚，却在体育赛场上连连失利，让自己和他人失望。不难看出，这主要是压力过大、过度紧张所致。人们把这种平时表现良好，但由于缺乏应有的心理素质而在正式比赛中失败的现象称为"詹森效应"。

人的行动，往往会受到情绪的影响；而人的情绪，又左右着最终的结果。紧张、焦虑的情绪，会让人无法拥有平和的心态；情绪不稳定的情况下，人就容易犯错。

越是自信的人，就越容易成功；越是自卑、胆怯、患得患失的人，就越容易将事情搞砸。心理学研究表明：决定一个人成功的因素，只有 15% 来源于智商，其余的 85% 都源于情绪。

如果孩子在学习中经常出现詹森效应，作为家长，最好能做到以下几点：

1. 帮助孩子建立自信心，多赞美他、理解他、支持他

只有充分相信自己的实力，才能在赛场上或考场上沉着冷静，发挥出正常水平。

2. 对孩子充满合理的期待

如果对孩子有过高的期待，就会在无形中给他造成一种心理定式：只能成功不能失败，不然的话会让看好我的家长失望。于是他越出色，家长对他的期望就越高，他的心理压力就越大。如长时间得不到缓解和释放，就容易出现詹森效应。

3. 引导孩子淡化结果，注重过程

引导孩子不过多考虑结果，也不去考虑影响自己发挥的不利因素，而把主要精力集中于具体的做事过程或比赛过程。如此孩子就能较好地进入比赛或考试状态，就能保持平静与放松的心理，较好地发挥自己的水平。

有人问美国著名的钢索杂技演员瓦伦达成功的诀窍，他说："我走钢索时，从不想目的地，只是专心致志走好每一步。"学生在考试时也应专注于答题本身，心无旁骛。至于考试后的结果，交给批卷老师好了，那不是学生考虑的范围。这样不仅能提高答题的准确率，而且能使心情保持平静与放松。

4. 教育孩子用平常心对待任何困难

竞技场上或考场上考验的不仅是选手的实力，更是选手的心理素质。有些人之所以无法在正式比赛中发挥自己的真实水平，与他们对比赛结果过分重视有关。举例来说，有的运动员总想着不能输，输了会怎样，无形中就给自己增加了压力，这样自然难以发挥全部的实力。

因此，学生或选手平时要加强综合训练，改进考试或比赛策略，提高解决问题的能力；家长和教师也要保持平常心对待

考试或比赛，不要给孩子提过高的要求，不要增加孩子的心理负担。

5.多用肯定的词语唤起孩子的积极情绪

特别是在孩子遇到困难时，家长要引导孩子多用"冷静""沉住气""我能行"等词语暗示自己，同时通过深呼吸进行放松，少用或不用否定性词语警诫自己，如"别紧张""千万别出错"等，因为这样不但无法缓解紧张情绪，还会强化紧张心理。

系列位置效应

系列位置效应主要表现为首因效应和近因效应，前者指对最开始位置项目的回忆增强，后者指对最末尾处项目的回忆增强。也就是说，系列的开始部分或最初学的项目较容易记忆，末尾部分或最后（时间最近）学习的材料也容易记忆，而中间部分是最难记忆的。

开头部分受到中间部分干扰，结尾部分受到中间部分干扰，而中间部分同时受到前后部分的影响，这样就造成中间部分的记忆效果最差。

首位效应是一种开头刺激或信息记忆过于引人注目的认知偏差。举例来说，一个人如果读一份足够长的名单，他更可能只记得开头，而忘记中部的大部分。首因效应一般储存在长期记忆中。当你在快速阅读的时候，首因效应影响较小，因为你没有时间把起始项目储存到长期记忆中；但是缓慢阅读时，首因效应影响较大，因为你有足够的时间把起始的项目存储到长期记忆中。

近因效应是指末端刺激或信息记忆过于引人注目的认知偏差。举例来说，一位司机在高速公路上看到了同样多的红色汽车和蓝色汽车，但如果他在下高速的时候看到的是一辆红色汽车，那么他会认为这趟旅行中他见到了大量的红色汽车。

系列末尾的材料比系列中间的材料记得好，就是说在记忆的时候处于最后的内容更容易记住，但是它只是储存在短期记忆中，随着时间延长记忆会消失。大部分信息在短期记忆中保持的时间很短，通常在 5 ~ 20 秒，最长不超过 1 分钟。

系列位置效应对我们的启示如下：

1. 涉及记忆时，我们最好把重要的信息放在前面或者后面，不要放在中间，以达到最佳记忆效果。

2. 在学习时，如果想记住中间位置的内容，就要对这些信息进行强调处理。

3. 每次的学习时间不宜过长。学习时间太长，中间部分的学习低沉期就会相对延长，学习效率就会下降。

4. 教师在授课时充分考虑系列位置效应的影响，会提高课堂效率。如果一节课为 40 分钟，前 20 分钟是高效期，教师应讲最重要的内容，孩子们也最容易记住；中间 10 分钟是低沉期，教师最好引导学生对新学习的材料进行练习和回顾；最后 10 分钟也是高效期，是促进学生领悟和理解的重要时期，教师除了对本堂课的重难点进行强化、提升外，还可以引导学生对整节课进行总结。

墨菲定律

墨菲定律是什么？简单地说，就是越怕出事，越会出事。

墨菲定律告诉我们，事情往往会向你所想到的不好的方向发展。比如，你衣袋里有两把钥匙，一把是你房间的，一把是汽车的，如果你现在想拿出车钥匙，会发生什么？是的，你往往拿出了房间的钥匙。

墨菲定律的适用范围非常广泛，它揭示了一种独特的社会及自然现象。它的极端表述是：如果坏事有可能发生，不管这种可能性有多小，它总会发生，并造成最大可能的破坏。

例如，有个学生平时学习非常好，考上理想的大学应该没什么问题，但在考试前，他老是担心考不上，结果他确实考砸了，与理想的大学失之交臂。为什么越害怕发生的事情越会发生？因为害怕不好的事情发生，所以会非常在意，注意力会为之高度集中，精神会为之过度紧张，结果就越容易犯错误。

墨菲定律告诉我们，容易犯错误是人类与生俱来的弱点，所以，我们在事情发生前应该尽可能想得周到、全面一些。如果真的发生损失或者不幸，就笑着应对吧——总结所犯的错误，以免再次遭遇类似的事情。

要打破墨菲定律的"诅咒"，就要有坚定的自信、稳定的心态、积极的心理暗示，对自卑等负面情绪或不良念头采取零容忍策略，一旦察觉立即打消。即便遭遇挫折，也要有"尽人事，听天命"的觉悟，充分发挥自身潜力勇敢应对，始终以正面、阳光的心态面对生活。

如何才能尽量避免墨菲定律的发生呢？

1. 看淡压力，保持平常心

因压力太大而心态失常，是导致悲剧发生的最常见原因之一。只想成功，害怕失败，越担心越紧张，最终往往会因为行为失常而出错。

2. 小心谨慎，防微杜渐

小的隐患若无法及时消除，就有可能扩大、增长，其造成事故的概率也会慢慢增加。俗话说，小心无大错。遇事须察微知著，慎终如始。

3. 预防为主，扎实学习

平时打好基本功，把每次考试当作检验自己是否将知识掌握牢固的手段。考后积极分析失分原因，努力弥补知识漏洞，提升应试能力。

4. 总结经验，寻找规律

应善于根据实际情况，在寻找共性中掌握问题发生的一般规律；善于从别人身上总结成功的经验或失败的教训，从而深刻认识和掌握学习的特点和规律，全面预测各种可能发生的问题，做到防患于未然。

5. 消除隐患，减少事故

要在平时的学习中将死角与隐患解决掉，不给小概率事件出现的机会。当然，只有平时学习时认真查漏补缺，才能有更大的自信来迎接学习中出现的挑战。

6. 心怀期待，梦想成真

每天都乐观、向上，对任何事情都心存美好，并积极为之努力。如此，梦想定能变为现实！